汽车运用与维修专业
人才培养模式实践研究

李巧玲　谢云峰　黄钧浩　著

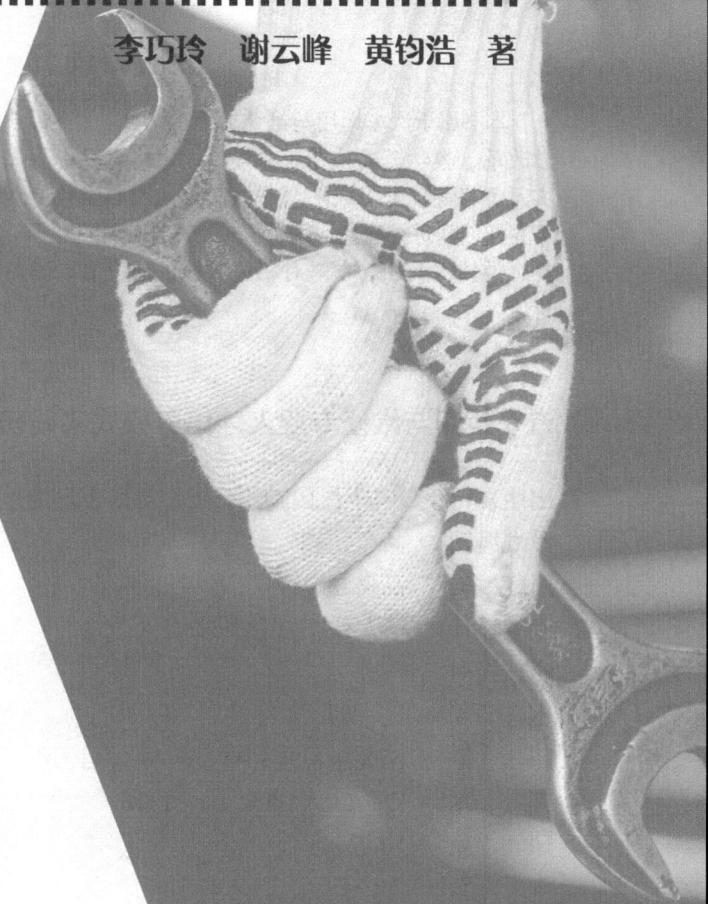

中国原子能出版社
China Atomic Energy Press

图书在版编目（CIP）数据

汽车运用与维修专业人才培养模式实践研究 / 李巧玲，谢云峰，黄钧浩著 . -- 北京：中国原子能出版社，2021.5 （2023.1重印）

ISBN 978-7-5221-1315-9

Ⅰ.①汽… Ⅱ.①李… ②谢… ③黄… Ⅲ.①汽车 – 车辆修理 – 人才培养 – 培养模式 – 研究 Ⅳ.① U472.4

中国版本图书馆 CIP 数据核字 (2021) 第 054570 号

内容简介

本书属于汽车运用与维修方面的著作，由相关理论研究、汽车运用与维修专业教学改革、教学模式、专业课程、人才培养目标与原则、人才培养模式、人才应用与实践策略等部分组成。全书以汽车运用与维修专业人才为研究对象，对该专业人才培养及创新进行研究，适用于从事汽车运用、检测、维修、服务等方面工作的应用型、复合型技术人才。本书对相关领域的研究者、学习者及爱好者具有一定的阅读参考价值。

汽车运用与维修专业人才培养模式实践研究

出版发行	中国原子能出版社（北京市海淀区阜成路 43 号　100048）
策划编辑	高树超
责任编辑	高树超
装帧设计	河北优盛文化传播有限公司
责任校对	冯莲凤
责任印制	赵　明
印　　刷	河北宝昌佳彩印刷有限公司
开　　本	710 mm×1000 mm　1/16
印　　张	14.5
字　　数	260 千字
版　　次	2021 年 5 月第 1 版　　2023 年 1 月第 2 次印刷
书　　号	ISBN 978-7-5221-1315-9
定　　价	82.00 元

前　言

　　近年来，汽车的发展给普通百姓的生活带来了很大的便利，促进了人民生活水平的提高。汽车行业的发展不仅带动了汽车生产制造产业的发展，还提升了劳动就业水平，对我国国民经济的发展有着举足轻重的作用。汽车维修行业也得到了迅速发展，成为一个相对独立的、社会化的、技术和劳动力密集型的新兴行业。随着汽车技术含量的快速增长，汽车行业需要更多懂技术、善经营的人做好营销工作，也需要更多掌握汽车先进技术的人才从事后期服务工作。

　　众所周知，汽车作为技术高度密集的机电一体化产品，谁都不能保证其在使用过程中不会出现任何问题，每一辆汽车在使用过程中都难免会出现各种故障，需要维修保养以保证其使用性能，所以汽车维修技术就显得格外重要。

　　本书属于汽车运用与维修方面的著作，由相关理论研究、汽车运用与维修专业教学改革、教学模式、专业课程、人才培养目标与原则、人才培养模式、人才应用与实践策略等部分组成。全书以汽车运用与维修专业人才为研究对象，对其专业人才培养及创新进行研究，对初步从事汽车运用、检测、维修、服务等方面工作的应用型、复合型技术人才具有较大的参考价值，且对相关领域的研究者、学习者及爱好者具有一定的阅读参考价值。

　　当前许多学校开始借鉴国外优秀的教育理念与模式，并运用在中职汽车运用与维修专业人才培养的实践中。陈旧的课程体系模式在培养目标、课程设置与教学内容等方面已无法适应当今行业、企业和学生个人发展的需求，不能体现技术技能型人才能力培养新要求，这种"治标不治本"的人才培养模式不能从根本上提高人才培养的质量。此外，随着教育新理念的提出，部分职业学校为了吸引学生报考或完成教学改革任务，主观地调整课程体系而不进行科学的规划，致使其课程体系缺乏科学性和系统性，不利于学生能力的良好发展。

　　培养中职汽车运用与维修专业人才的实践能力，不仅有利于缓解汽车产业转型升级所造成的技术技能型人才供需矛盾，还是我国中等职业教育改革的必然要求，更是新时代汽车运用与维修专业技术技能型人才培养与发展的基础性建设。

　　由于编者经验不足，疏漏之处在所难免，敬请读者予以指正。

目 录

上篇 基础现状篇

上篇
基础现状篇

第一章 概 述

第一节 相关概念

一、中等职业教育

国务院办公厅于 2006 年将中等职业教育定义如下：中等职业教育是在高中教育阶段进行的职业教育，也包括部分高中后职业培训，是以九年义务教育为基础的，培养技能型人才和高素质劳动者的一类教育。中等职业教育的主要内容是对受教育者开展思想政治和职业道德教育，并传授职业知识，培养职业技能，进行职业指导。作为我国职业技术教育的重要组成部分，中等职业教育在促进社会、经济发展和提高劳动就业率中起着关键作用。被赋予时代内涵的中等职业教育，担负着培养具有综合职业能力且在生产和服务一线工作的技能型人才和高素质劳动者的重任。我国中等职业教育主要由中等职业学校实施，中等职业学校主要包括中等专业技术学校、技工学校、职业高级中学和成人中等专业学校四类。本书以中等职业学校实施的中等职业教育作为研究内容。

二、汽车运用与维修专业

根据 2017 年我国教育部职业教育与成人教育司公布的《中等职业学校汽车运用与维修专业教学标准（试行）》，汽车运用与维修专业主要由中等职业学校开设，培养目标是"坚持立德树人，面向汽车运用与维修等行业企业，培养从事客货汽车使用、维护、修理、检测、维修接待等工作，德智体美全面发展的高素质劳动者和技能型人才"。该专业主要招收初中毕业或具有同等学历的人员，基本学制为三年，培养的技术技能型人才具备高职业素养和从事汽车机修、汽车电气维修、汽车性能检测、汽车维修业务接待等工作的专业知识和技术技能。汽车运用与维修专业的学生毕业后可进入汽车机械及电控系统维修、汽车电气维修、汽车维修质量检验、车辆技术评估和汽车维修业务接待等岗位工作，也可以选择升入高等职业学校或本科院校进行学习，主要接续专业包括高职汽车运用技术、汽车检测与维修，以及本科院校中的汽车服务工程等专业。

三、实　践

（一）实践能力

目前，学术界关于实践能力的定义还没有统一的说法。李亚松认为，实践能力是学生实践活动中所需要的能力，是专业技能、分析能力、专业知识掌握能力、交往能力、协调能力、问题感知能力、决策能力等能力的整合[①]。刘磊和傅维利认为，实践能力是指保证个体顺利运用已有知识和技能解决实际问题所必须具备的生理和心理特征[②]。吴海燕认为，实践能力就是解决问题的各种能力的总和，包括很多方面，如组织协调能力、处理问题能力、理解沟通能力、与人交往能力、自我表达能力等[③]。

究竟何谓实践能力？实践能力是一个比较复杂的概念，广义的实践能力是指人们改造自然和社会的能力。有学者认为，要全面认识实践能力的内涵，需要以哲学、心理学和教育学的视角来综合思考。具体到教育学角度，实践能力就是学生个体运用所学知识与技能，在实践过程中解决实际问题的能力。实践能力的核心是解决问题的能力和动手操作的能力。

（二）汽车运用与维修专业实践能力

总而言之，要准确定义实践能力，最好结合特定的专业或工种来对实践能力进行定义，只有这样才能更准确、更具体地定义好实践能力的概念和内涵。综合各位学者的观点，基于本书所探讨的中职汽车运用与维修专业学生的专业实践能力培养的问题情境，笔者认为中职汽车运用与维修专业学生的专业实践能力是指在解决汽车修复这个特定领域内的各种实际问题过程中表现出来的生理与心理特征，是以实践操作能力为主包含各种相关特定实践能力的总称。它是一种综合实践能力，其核心是在遇到汽车运用与维修领域的各种亟须解决的问题时，能够结合相关理论进行思考，做出规划，并借助相关的专业工具付诸行动，顺利解决问题的能力。

---

① 李亚松.高等农业院校学生实践能力培养研究——基于实践育人的视角[D].武汉：华中农业大学，2013.

② 刘磊，傅维利.实践能力：含义、结构及培养对策[J].教育科学，2005，21(2)：1-5.

③ 吴海燕.论大学生实践能力的培养[J].亚太教育，2015(35)：26-27.

(三)实践教学

顾明远编写的《教育大辞典》认为,实践教学是相对于理论教学的各种教学活动的总称,包括实习、实验、设计、社会调查等,目的是使学生获得感性知识,掌握相关技能技巧,养成理论联系实际的作风和独立工作的能力[①]。

张晋在他的博士论文中指出,实践教学是指在实验室或生产现场,根据实验、设计和生产任务要求,在教师指导下,以学生自我学习和操作为主,从而让学生获得感性知识和技能,提高综合实践能力的一种教学形式[②]。

本书的实践教学是指在中职汽车运用与维修专业教学过程中通过相关理论学习、校内实训、课程设计、教学评价等教学活动,提高学生实践操作能力,最终促进本专业学生专业实践能力提升的一种教育活动。

第二节 理论基础

一、建构主义学习理论

建构主义学习理论是 21 世纪教育改革的一项重要指导理论,它认为学习过程是一个知识建构的过程,学习是通过信息加工活动建构对客体的解释的过程。这一过程以学习者原有的经验背景为基础,每一个学习者按照自己特有的方式和思维去认识客体[③]。皮亚杰对建构主义学习理论的阐述最为经典,他的建构主义观点认为,认识是在原有认识的基础上,在主客体相互作用中建构而成的,并不是人的大脑对客观事物的直接反应。学习者在不同发展阶段的学习和认识方式的特点各不相同,因此认知的发展是具有顺序性和循序渐进的。皮亚杰在研究中还发现,学习是学生主动建构知识的过程,不是被动接受刺激的过程,建构过程无法由他人代替[④]。因此,皮亚杰的建构主义学习理论可总结为,学习过程是学生以原有的经验为基础,主动地选择和加工信息,在学生与认知的客体相互作用下,获得新经验和对原有经验进行丰富、调整和改造的过程。

---

① 顾明远.教育大辞典[M].上海:上海教育出版社,1990:7.

② 张晋.高等职业教育实践教学体系构建研究[D].上海:华东师范大学,2008.

③ 罗尧成.研究生教育课程体系研究[M].广州:广东高等教育出版社,2010:215-218.

④ 杨维东,贾楠.建构主义学习理论述评[J].理论导刊,2011(5):77-80.

建构主义学习理论对中职汽车运用与维修专业技术技能型人才培养课程体系的建设具有重要的指导意义。

第一，学生是知识建构的主体，课程体系的建设应以学生为中心。学生是培养的对象，是知识建构的主动者。因此，课程体系的建设要切实从学生的角度出发，深入分析学生的学习特点和需求。

第二，充分利用良好资源进行课程体系的建设。建构主义强调为学生的发展营造良好的氛围，为学生建构知识提供丰富的资源。产教融合的实施能够扩充教育教学所需资源，为学生提供良好的发展环境。

第三，知识的建构过程是在主客体相互作用中进行的，课程的实施注重在实际工作情境中进行。建构主义体现了客体环境与学生知识的建构密切相关，真实情境下有助于学习者对知识的获取和问题的解决。因此，课程的实施应注重在实际工作情境中进行。

二、能力本位教育理论

能力本位教育是依据社会和行业对劳动者从事本岗位的能力要求标准，强调在学习实践过程中重视学生的主体地位，使学生具备从事该职业所需要的实际能力，从而确定专业培养目标、教学设计、教学方法和过程以及针对教学效果做出评估的教学实践模式。能力本位中的"能力"是指一种综合的职业能力，主要包括认知与发展能力、实践能力、创造能力和竞争与合作能力等。

能力本位教育的核心是如何使学员具备从事某一职业所必需的实际能力。它是以从事某一具体职业所必须具备的能力为出发点来确定培养目标，设计教学内容、方法和过程，评估教学效果的一种教学思想与实践模式。

能力本位教育理论是始于 20 世纪 60 年代的一股世界范围内的职业教育与培训思潮。它以重视获得岗位操作能力为目标，提倡以能力为基础的职业教育体系。这与中职汽车运用与维修专业的特点高度吻合，因此能力本位教育理论为中职汽车运用与维修专业学生专业实践能力的培养提供了理论支持。

三、实用主义教育理论

杜威是实用主义教育理论的突出代表。他强调经验的行动性，认为知识、观念、经验都是从亲身经历中得来的，提出了"从做中学"的教学论。他认为，"真正的理解是与事物怎样动作有关的，理解在本质上是联系动作的"，强调了实践的重要性。培养学生的实践能力就是要让他们"从做中学""从做中思"。实用主义教育理论强调理论与实践的紧密结合，为本书的研究提供了重要的理论依据。

杜威的"实用主义"，其中心概念是"经验"，但与传统的经验主义不同。他认为，经验是有机体和环境相互作用的结果。所谓相互作用，是说有机体不仅被动地适应环境，还对环境起作用，而环境所造成的变化又反过来对人的机体及其活动起反作用。行动和遭遇之间的这种密切联系就形成了所谓"经验"，所以他说"认识本身就是一种行动"。而中职汽车运用与维修专业的各种典型工作任务，其所需的专业实践能力都是在行为实施者与实施对象的不断相互作用下而获得的"经验"。杜威的"实用主义教育"理论给中职汽车运用与维修专业学生的专业实践能力培养带来诸多启示。

第三节　国内外研究动态

一、国内研究动态

笔者用词条"中职实践能力"搜索知网，截至 2019 年 9 月，搜索结果中共有 76 篇论文的题目包含有"实践能力"；搜索博士、硕士论文，则有 128 篇与实践能力有关。可见，对实践能力培养的研究已经成为热点之一。而词条"中职汽车实践能力"的搜索结果共有 42 条，而"中职汽车运用与维修专业人才培养实践研究"的结果结果仅有 5 条。由此可见，虽然实践能力的研究在一定程度上已经成为热点，但是关于实践能力培养，特别是中职汽车运用与维修人才培养的研究还非常少。

在国家政策上，从表 1-1 的梳理总结中可知，教育主管部门非常重视学生的实践能力培养。典型的代表是 2019 年 2 月国务院颁布的《国家职业教育改革实施方案》（职教 20 条），其中多处提到关于实践能力培养的重要性。1991 年颁布的《国务院关于大力发展职业技术教育的决定》中提出"要加强职业技术教育的改革和基本建设""要改革教学内容和教学方法，突出实践性教学环节，加强实践能力培养和职业技能训练"[①]。2006 年，我国出版的《职业院校学生实践能力培

---

① 李凌舟.工学结合模式在中职生职业技能培养中的实践研究 [D]. 成都：四川师范大学，2010.

养与考核评估及职业发展指导手册》，为实践能力的评估指明了方向；《国家中长期教育改革和发展规划纲要（2010—2020 年）》的"战略主题"中提出，要着力提高学生对国家和人民的社会责任感、提高学生的创新精神和善于解决问题的实践能力[①]。这些政策文件无一例外都强调实践能力培养的重要性，并对实践能力培养做出了具体的要求，并从各种角度对实践能力的培养进行了阐述。

表 1-1　我国职教政策对实践能力培养的要求

年　份	政策文件	实践能力培养的要求
2002	《国务院关于大力推进职业教育改革与发展的决定》	文件指出，要加强实践教学，提高受教育者的职业能力。职业学校要把教学活动与生产实践、社会服务、技术推广及技术开发紧密结合起来，把职业能力培养与职业道德培养紧密结合起来，保证实践教学时间，培养学生的实践能力
2005	《国务院关于大力发展职业教育的决定》	文件指出，职业教育应加强职业院校学生实践能力和职业技能的培养，高度重视实践和实训环节教学，加强学生的生产实习和社会实践，改革以学校和课堂为中心的传统人才培养模式
2010	《国家中长期教育改革和发展规划纲要（2010—2020 年）》	文件中共有 11 处提到要加强学生的实践学习，培养学生的实践能力，反复强调实践的重要性。着力提高学生的学习能力、实践能力、创新能力，教育学生学会知识技能，学会动手动脑，学会生存生活，学会做人做事，促进学生主动适应社会，开创美好未来
2012	《教育部办公厅关于制订中等职业学校专业教学标准的意见》	文件指出，坚持工学结合、校企合作、顶岗实习的人才培养模式，注重"做中学、做中教"，重视理论实践一体化教学，强调实训和实习等教学环节，突出职教特色

---

① 　任中左．中等职业学校学生综合素质多元评价模式的理论与实践 [D]．呼和浩特：内蒙古师范大学，2016.

续　表

年　份	政策文件	实践能力培养的要求
2014	《国务院关于加快发展现代职业教育的决定》	文件指出，要推行项目教学、案例教学、工作过程导向教学等教学模式。加大实习实训在教学中的比重，创新顶岗实习形式，强化以育人为目标的实习实训考核评价
2019	《国家职业教育改革实施方案》（职教 20 条）	文件中多达五处提到关于实践能力的培养。指出，职业教育与普通教育是两种不同教育类型，具有同等重要地位。同时指出，实践性教学课时原则上应超过总课时一半，顶岗实习时间一般为半年

许多专家及职业院校的教师对学生实践能力的培养提出了很多有价值的观点。首先，在实践能力的概念、构成及内涵研究方面，研究成果较多。例如，中国教育科学研究院课程教学研究中心研究员、教育学博士孙智昌在《论学生的实践能力及其培养》中提出，只有从生存论、本体论、活动论的范畴来理解实践概念，才具有理论的彻底性和实践活动的顺畅性，才能真正理解实践能力，并将实践能力定义为实践主体在实践活动过程中的表现状态及其实践活动结束时所形成的结果[1]。刘三朵和张冬胜认为，实践能力不完全是动手能力，而是由动手能力、职业活动实践能力、日常生活实践能力以及人际交往实践能力组成的复合体[2]。黄锐则认为实践能力包含一般实践能力、专项实践能力和情境实践能力[3]。李亚松认为实践能力范围分为三个层次，即一般实践能力、专项实践能力和应用实践能力[4]。

其次，在实践能力培养策略的研究方面，学者们也各抒己见。高晓认为，要加强实践教学，实践教学的教学质量能够直接影响学生未来的发展以及技能的培养，存在的问题如下：缺少有力度的生产性实训、缺少完善的技术辅助教学、缺

① 孙智昌.论学生的实践能力及其培养 [J].教育研究，2016, 37(2): 110-118.

② 刘三朵，张冬胜.论实践能力的内涵与结构 [J].当代教育论坛， 2014(9): 43-44.

③ 黄锐.以实践能力为核心的专业硕士培养模式探究 [J].教育研究，2014, 35(11): 88-94.

④ 李亚松.高等农业学院学生实践能力培养研究——基于实践育人的研究 [D].武汉：华中农业大学，2013.

少充足的顶岗实习时间等，从而提出改变教学方式、进行实践教学、建立稳定的实践教学基地等对策①。廖琴提出，职业院校要转变传统的教学模式，以提高学生的实践操作能力、提升学生的综合素质为教学目标，加强实践教学，为社会的发展培养复合型人才②。戴必俊指出，中职教育应站在社会需求的角度，改善学校内部的管理和教学方式，实践教学正是在这种环境中提出的新概念，并提出相关策略，如扭转传统的教学方式、完善实践教学的内容、利用新媒体技术提升实践教学的教学质量等③。何文军则认为，汽车运用与维修专业在实践教学设计上，要体现多元性和实效性，激发学生学习积极性，强化中职汽车运用与维修专业实践教学的改革措施，如创设适宜教学的情境等④。虞晓萍则强调，实训教学是培养专业技能型人才的最佳渠道。学生只有把所学的理论知识真正用实践加以检验，才能切实提升自身技能，所以在教学中，应重点关注实训教学环节，开展合理有效的专项技能实训，才可以真正提高学生的职业能力⑤。

于慧颖指出，有的学校声称要"培养学生的实践能力、动手能力"，强调在"做中学"，但事实上，只是让学生在简单地模仿、机械地操作训练⑥。可见实践能力的培养应该把动手操作与动脑思考紧密结合起来。华中师范大学郭元祥教授明确区分了教育性实践与普遍性实践，认为教育性实践与普遍性实践有较大区别。教育性实践的基本特点是反思性、体验性，实践教育的过程价值在于使学生的问题意识、实践能力和良好的情感态度与价值观得到培养和发展。

二、国外研究动态

当前已是全球化经济时代，但由于地域差异较大，导致不同国家的社会文化存在较大差异，这种差异影射到中职教育层面上，就是不同的地域文化对中等职业技术人才的认识不尽相同，这种理念的差异就导致人才培养观念的不同。

（一）日　本

日本是世界工业强国，其职业教育具有一定的典型意义。日本深受中国儒家

---

① 高晓.中职汽车检测与维修专业实践教学的改革探索 [J].电子制作，2015(10)：188.

② 廖琴.中职汽车运用与维修实践教学策略 [J].时代汽车，2018(4)：58-59.

③ 戴必俊.关于中职汽车检测与维修专业实践教学的改革探索 [J].中国校外教育，2017(3)：134.

④ 何文军.关于中职汽车检测与维修专业实践教学的改革探索 [J].亚太教育，2016(5)：55.

⑤ 虞晓萍.提高中职汽车实践教学的有效性 [J].职业，2014(33)：114.

⑥ 于慧颖.劳技教育教学应引导学生从"动手做"到"动脑做"——兼论 "动手能力"是大脑调控下手脑协调动作的创造性实践能力 [J].中国教育学刊，2004(12)：25-28.

文化的影响，却走了与中国不同的道路，日本人比较倾向于事实、经验和实证，这种思维模式使日本国内形成了重视实践技能的传统，所以其职业教育以培养学生动手实操、解决问题的能力为主，提倡国民终身学习。

第一，政府非常重视职业教育。为了更好地贯彻职业技术教育理念，日本政府制定了一系列法律来规范和引导本国的职业教育，相继颁布了《技能者培训规程》《职业安定法》《产业教育振兴法》，用法律形式为本国的职业教育保驾护航。

第二，形成了由学校和企业共同合作培养职业技术人才的"产学合作"模式。这种模式将学校和企业进行有机结合，确立务实明确的培养目标，即培养学生的实践技能和生活能力以满足企业和社会的需求，充分利用好学校、企业各自的资源优势，使学生具备较强的实际工作能力[①]。

（二）欧　洲

欧洲地区是世界上经济最发达的地区之一，其先进、健全的职业教育体系为欧洲经济的发展提供了强有力的保证。其显著特点是将中职教育与高职教育进行有机结合。英国和德国的职业教育体系是其中的典型代表。

英国的职业教育起步较晚，发展缓慢，之后英国人重新审视自己，彻底改变了传统教育观念，转而重视实用型人才的培养，创立了核心技能理论，并制定了新的人才培养标准。如今英国的职业教育特别强调实践教学的重要性，强调学校和企业要建立紧密的联系，以使学校教学能够符合企业生产实践的要求。英国所有的学校都建有自己的实习实训场地甚至实训工厂，企业为实践教学提供经费、设备或者场地，学校则根据企业的要求进行课程设置，为企业培养出真正符合企业要求的人才。学生则采用以四年制或五年制为主的工读交替制度，加强实习实训环节的力度，实现理论联系实际、实际指导理论的过程，真正实现"学中做，做中学"。英国制定了"国家职业资格证书"和"普通国家专业资格证书"制度，分别对应不同水平的实践操作能力，为各级职业学校和培训机构的教学和实践活动提供了依据[②]。

德国人认真务实，一直以来都有重视公民技能教育的传统。其"在学校学理论，在企业学技能"的双元制教育模式，是世界公认的经典职业教育模式之一，

① 罗秋兰，蔡青，秦福利.突破产学合作教育难题探索人才培养新模式 [J].高教发展与评估，2007, 23(6): 104-108.

② 姚秀颖.发达国家中等职业教育中实践能力培养模式的比较与借鉴 [J].世界职业技术教育，2003(1): 28-32.

也是欧洲职业教育的典型代表。这种模式为德国培养了大量高素质应用型专业技术人才。所谓"双元制"，简单来说就是指职业学校和企业两种不同的主体分工合作，在同一时间培训学生的模式。学校负责理论和文化教育，企业负责实践训练。以企业为主，学校为辅，学生既是学生又是学徒，学习结束时接受统一考试。这种职业教育模式充分体现了实践能力训练在整个职业教育体系中的突出地位，为保证实践技能培养的质量，德国的职业教育中实践技能训练的时间占整个学时的百分之六十以上。德国"双元制"以真实的生产环境为基础，保证了职业教育的质量。

（三）美　国

美国是世界上经济最发达的国家之一。这与美国格外重视通过职业教育来培养合格的高水平专业化应用型人才是分不开的。美国先在 1982 年制定了《职业训练合作法》，进而又在 1984 年制定了《卡尔·泊金斯职业和应用技术教育法案》，通过制定并实施相关的职教法案为其职业教育的健康发展提供了强有力的保证。合作教育是美国职业教育的典型模式，是指上级主管部门进行配合协调，学校、企业、公共团体等机构共同努力，将学校教育和企业的发展充分结合起来，并作为正规教育中的一环去实施。学校和企业共同开发、编写教学内容，共同监督教学计划和教学方案的实施。学生在学校学习理论知识和基本入门技能，在工作单位工作，时间的比例可以达到 1：2。在这种模式下运行的职业教育很好地完成了课堂教学和实践经验积累的结合，将雇主的实际需求与学生在校所学的理论知识紧密联系起来，让学生在真实的工作环境中提高工作能力，加深对所学理论知识的理解。

通过对美、英、德、日这些国家的分析可以看出，每个国家国情和文化不同，所以对合格的高技能专业化应用型人才的定义也不尽相同，这也造成了不同的国家所走的职业教育的道路和具体的实施方式不尽相同。我们可以通过分析、借鉴他国的成功经验，改进我国中职教育的实践能力培养对策，进而提高中职教育的质量，为我国的经济腾飞做出相应的贡献。

第二章 汽车运用与维修专业人才需求与培养现状

第一节 汽车运用与维修专业人才需求情况

中职汽车运用与维修专业培养的是社会、行业与企业需要的汽车技术技能型人才，实践教学也尤其突出企业、行业参与人才培养过程的重要性。为探究当前人才供需存在的关键问题，为课程体系构建和实践教学提供方向，我们需对当前中职汽车运用与维修专业的人才需求与人才培养情况进行分析。

一、国家对汽车运用与维修人才培养要求分析

为办好包括中职教育在内的职业教育，更好服务我国的社会主义建设，国务院出台了新时代职业教育改革方案，明确启动了实施高水平职业院校建设和"1+X"证书制度试点工作，这给我们继续完善中职人才培养模式指明了方向。改革方案要求按职业标准的方式提升职业教育质量，按产业需求设置专业，按职业标准明确课程内容，按生产过程组织教学过程，实现各环节的无缝对接，促进产教融合的校企"双元"育人，推动校企全面加强深度合作。

近年来，随着经济快速发展和各级政府的大力扶持，我国汽车行业得到了跨越式的发展，随之消费者对汽车行业的要求也越来越高。汽车企业要想在市场赢得份额，提高企业技术水平、服务质量，完善"产—销—售后"产业链，满足消费者的需求，关键是要能抓住各类人才。近几年在市场驱动下，社会和企业从人才培养目标、人才从业的职业范围、人才规格等各个层面对汽车运用与维修人才培养提出了相应要求，作为培养初级人才的中职学校就有必要认真分析现实的人才需求，紧贴实际需要，提高人才培养水平。

（一）培养目标

根据国家对人才培养必须坚持立德树人的基本要求和社会对员工的道德品质要求，提出了包括汽车运用与维修专业在内的所有专业在培养人才时必须坚持立德树人的要求，汽车运用与维修专业必须面向汽车运用与维修行业，培养从事汽

车使用、维护、修理、检测、接待等工作，德智体美全面发展的高素质技能型人才。

从这个培养目标可以看出，立德树人是根本，坚持品德教育为先，在培养人才时从正面引导学生、感化学生和激励学生，有再好的技术都不如有良好的品德，坚持教育以人为本，用过硬的专业技术和德育教育来塑造和改变学生。针对这一艰巨任务，中职学校需要付出很多心血，因为中职学生的起点相当于高中，学生年龄较小，心智还未成熟，世界观正在形成，这些都需要教育工作者更多地关注学生，从正面引导学生。对于特定的专业，如汽车运用与维修专业，中职学校则需要结合专业实际，将引导人、感化人、激励人、塑造人、改变人和发展人与现代汽车先进技术结合起来，使学生热爱现代科技，以学好、学成先进技术为荣，以服务广大汽车用户为荣，这样才能达到育人的目的。

（二）职业范围

汽车运用与维修专业涉及的职业范围如表 2-1 所示。

表 2-1　汽车运用与维修专业的职业范围

序　号	对应职业	职业资格证书举例	专业（技能）方向
1	汽车机械及电控系统维修	汽车维修工（四级）	汽车机修
2	汽车电气维修	汽车维修电工（四级）	汽车电气维修
3	汽车维修质量检验、车辆技术评估	机动车维修质量检验员（从业资格证）、车辆技术评估员（从业资格证）	汽车性能检测
4	汽车维修业务接待	机动车维修业务接待员（从业资格证）	汽车维修业务接待

说明：可根据地方实际情况和专业技能方向取得一到两个证书。

从表 2-1 可知，不同岗位有相对应的职业资格证书。虽然这些证书与实际的能力还存在一些差距，但拥有证书本身就说明了一种学习能力。

（三）人才规格

汽车维修中职专业毕业生应具有的职业素养、专业知识和技能如表2-2所示。

表2-2　汽车运用与维修专业教学标准

方　向		标　准
职业素养		1. 具有良好的职业道德，能自觉遵守行业法规、规范和企业规章制度 2. 具有良好的人际交往与团队协作能力 3. 具有吃苦耐劳精神，工作责任感强，工作执行力强 4. 具备较强的获取信息、分析判断和学习新知识的能力 5. 具有积极的职业竞争和服务的意识 6. 具有较强的安全文明生产与节能环保的意识 7. 具有创新精神与创新意识，能够不断挑战与超越 8. 具有合理的职业规划，具有长远规划与发展能力
专业知识与技能		1. 掌握计算机基础知识和操作技能 2. 掌握汽车发动机、底盘、车身电气、空调的结构和工作原理 3. 掌握汽车机械基础知识，并能进行简单的钳工作业 4. 掌握汽车电工电子基础知识，能识读汽车电路图，并能进行简单电气零部件的检测 5. 能够阅读简单的汽车维修设备使用说明书和汽车维修技术资料 6. 能进行汽车维护作业 7. 能完成汽车发动机、手动变速器总成大修及部件检修 8. 能完成汽车制动系统、悬架转向系统总成及部件检修 9. 能完成汽车车身电气系统、空调系统总成及部件检修 10. 能完成汽车发动机电气及控制系统总成及部件检修 11. 具有制定和实施简单维修作业方案的能力，能分析、排除车辆常见的简单故障 12. 能对本人完成的维修作业内容进行维修质量检验和评价 13. 能通过语言表达使客户清楚维修作业的目的和为客户提供用车建议；能通过语言或书面表达方式就工作任务与合作人员或在部门之间进行沟通
专业技能	汽车机修	1. 具备汽车发动机、底盘机械维修的能力 2. 具备根据客户描述初步判断常见汽车发动机、底盘故障范围的能力 3. 具备汽车自动变速器检查、维修的能力 4. 具备汽车发动机、底盘常见故障的诊断、分析、总结和文件归档的能力
	汽车电气维修	1. 掌握汽车网络控制系统、新能源汽车的结构与工作原理 2. 具备阅读复杂的汽车电路和实车线路查找的能力 3. 具备根据客户描述初步判断常见汽车电气故障范围的能力 4. 具备汽车电气常见故障的诊断、分析、总结和工作文件归档的能力

方　向		标　准
专业技能	汽车性能检测	1.具备汽车性能和汽车检测的基本知识 2.具备正确使用汽车检测设备对汽车性能进行检测并根据标准、规范和规程等对检测结果做出判定的能力 3.具备根据检测结果分析常见简单故障形成原因的能力，并能提供维修建议 4.具备维护、调整汽车检测设备的能力 5.具备汽车性能检测工作文件归档、评估和总结工作的能力
	汽车维修业务接待	1.具有良好的人际沟通和客户服务意识 2.具备从事维修业务接待的能力 3.具备向客户提供车辆保险理赔咨询和建议的能力 4.具有汽车精品、汽车配件销售的能力 5.具有维修业务接待工作文件归档、评估和总结工作的能力

　　职业素养、专业知识和技能的人才规格，为人才提出了职业素养的标准、专业知识的标准和专业技能的标准。这些标准应该根据企业的动态需求进行周期性调整，以适应行业的动态变化。

　　以上以市场驱动提出的汽车运用与维修人才培养要求，总体能达到国家对中职人才培养基本目标，但培养出来的人才是否能做到有的放矢，是否符合汽修企业实际需求，还需要进一步对汽车运用与维修行业企业进行调查研究，分析动态需求和中职人才培养模式的滞后问题，研究如何提前预测动态需求，实时修正中职人才培养模式。

二、汽车运用与维修行业人才需求调研

（一）汽车维修行业调研

1.调研目的

为使人才培养规格更能贴合行业动态需求，我们需要定期进行调研，根据调研结果微调人才培养方案。因此，本次调研的目的是深入了解汽车维修专业的发展动态，了解汽车维修行业对专业人才需求现状和现有的汽车维修专业人才培养模式，根据调研结果对汽车维修专业人才培养模式进行调整与改革。

2.调研时间

调研时间为 2017 年 9 月 1 日—2017 年 12 月 30 日。

3.调研对象

本地区汽车维修相关企业，主要是汽车修理厂和汽车销售公司的负责人及员工。

4.调研方法

（1）问卷调查法。在调研期间，笔者走访当地汽车维修企业，向企业各部门负责人了解汽车人才需求信息，另外向汽车维修从业人员和企业负责人发放问卷，调查了解汽车维修专业人员的从业情况。本次问卷调查分为两个部分，即汽车维修人才培养的调查问卷（汽车维修从业人员版）和汽车维修人才培养模式调查问卷（企业版），其中针对汽车维修从业人员的问卷发了180份，收回了165份，问卷回收率为91.67%，其中无效的问卷为12份，问卷的有效率为92.73%。针对汽车维修企业的问卷发了40份，收回了36份，问卷回收率为90%，其中无效的问卷为3份，问卷的有效率为91.67%。

（2）访谈法。对本地区的8所中职学校汽车运用与维修专业的80位学生和24位专业课教师进行访谈，并做好记录，最后归纳总结。

（3）查阅资料。从知网、百度文库等专业网站搜索已有的相关文献资料，对其进行分类、归纳、整理，从中提炼出可以使用的资料。

（4）参观交流。对AB职业技术学校进行实地参观学习交流，了解各校在汽车维修专业的培养模式和对本专业的各项投入。在本地选择部分汽车维修企业进行参观交流，了解当前汽车维修行业的实际状况和专业人才的现状。

（5）电话询问。对已经毕业的汽车维修专业学生进行电话询问，问题包括是否还在从事汽车维修工作或者相关工作，现状如何，所学知识能否满足现在工作要求等。

（二）汽车维修企业人才需求分析

经过对重庆市周边地区10家规模大小不一的汽车修理厂的调研（其中9家为私人企业，1家为合资企业），和周边地区的8所中职学校进行的访谈，笔者发现，随着我国经济的快速发展，汽车的使用率在增加，汽车维修专业人才需求也在持续增长，企业提供汽车维修的岗位较多，对专业人才的业务素质也有了更高的要求。

以下是汽车运用与维修人才培养模式调查问卷（企业版）的相关分析。

1.企业方面分析

调研的90%为私人企业，私人企业如果要长久做下去必须要有规范的管理制度和强有力的专业支撑作为保障。从企业从事的业务来看，汽车维修、汽车销售、汽车美容、汽车检测、技术服务与咨询、汽车配件销售与管理这些项目汽修企业都有开展，所以只要市场有需求，企业就提供服务。

2. 学历层次分析

学历层次按研究生、本科、大专、中专（中职）、普通高中，以及高中以下五个层次进行分类，结果如图 2-1 所示。结果表明，汽车维修企业中研究生和本科学历的人数为 0；大专学历所占的比例为 21%；中专（中职）学历的所占比例为 48%；普通高中为 14%；高中以下为 17%，由此可以看出，在普通汽车维修企业的从业人员中高学历的人才很少。随着汽车工业向高技术的智能化、网联化以及新能源方向发展，汽车的技术含量进一步增加，现有技术水平的技能人才已经无法满足实际维修需要，因此整个汽车维修行业的技术人才学历有待提高。只有不断提升从业人员的学历水平，才能逐步提高行业从业人员的整体专业素质和职业素质，才能让整个行业得到快速发展。而现在中专学历的汽车维修人才占的比例是最大的，从这个角度来看如果要提升行业专业水平可以从中职学校的人才教育着手，改革中职学校的教育培养模式，从而提升中职毕业生水平。

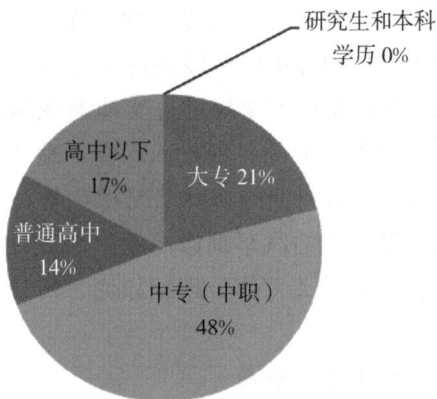

图 2-1　人才学历层次分布

3. 企业对职校毕业生需求分析

问卷调查结果显示，95% 的企业都表示对职校生有需求，汽车专业人员的需求量很大，各企业为汽车专业人才提供的工作岗位较多，但是一线工作人员由于各种原因流动性也比较大，因此目前市场上汽车维修企业都在从各方面招聘汽车维修的专业人才，这就说明一线维修人员流动性大、需求量大，符合中职学校人才培养的实际。

4. 企业对职校生的选择分析

89% 的企业近几年都招聘过职校学生，在这部分企业中又有 60% 的企业倾向于选择大专院校的学生，他们更多地认为大专院校的学生在专业技能和自我学习能力上要比中职的学生更好些。35% 的企业会选择中职学生，这部分企业更看重的是中职生对企业给定的薪资和工作安排没太大要求，他们能够从事基层工作。从这个比例来说，企业还是更希望从业人员有更高的文化素质。

5. 企业对职校生的能力要求分析

所有企业首先非常重视的就是从业人员的职业道德，其次比较重视工作能力、工作态度、专业知识等。在专业知识方面，现在任何工作基本上都离不开网络与各种计算机软件，因此企业对员工使用计算机的熟练程度比以往的要求都要高。在职业技能证书的要求上，22% 的企业非常重视，55% 的企业比较重视，23% 的企业觉得一般或者无所谓。除了取得相应的汽车维修技能证书外，在还需要取得的证书中企业更希望的其他证书比例为，汽车维修电工证书占 28%，钳工技能证书占 32%，汽车检测工证书占 30%，其他占 10%，如图 2-2 所示。即使有的企业对部分技能证书的含金量表示质疑，但是企业也更愿意对那些拥有更多证书的毕业生敞开大门。

图 2-2　从业人员证书分布情况

6. 企业与学校培训及实习分析

90% 的企业都是非常愿意与学校合作的，不管是企业帮学校培训学生，还是学校给企业培训员工，这就验证了校企合作的必要性。这种互相学习进步的意识是对的，学校要为企业培养人才，企业也要为学校提供了解社会现状的机会，只有互相取长补短才能让社会更加进步。

7. 职业因素分布分析

从汽车维修企业技术人员收回的 165 份调查问卷中可以看出，从事汽车维修的人员中 93% 为男性，女性从事汽车维修工作的较少。年龄组成在 30 岁以下的占 32%，30 岁到 45 岁的占 47%，45 岁以上的占 21%。从事汽车维修行业经历在 3 年以下的占 28%，3 年到 10 年的占 45%，10 年以上的占 27%。在选择汽车维修作为职业的原因上，67% 的受调查者认为上学学的就是跟汽车维修相关的专业，也听说汽车维修的工资高，所以选择了本职业，18% 的从业者是因为自身喜好，15% 的从业者就是单纯想学门技术，如图 2-3 所示。

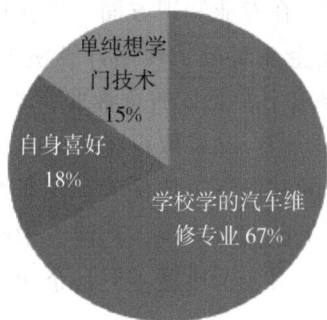

图 2-3　职业因素分布

8. 工资收入水平分析

从对汽车维修技术人员工资收入水平的调查来看，67% 的受访者认为自己的工资水平在当地处于中低水平；24% 的受访者认为自己的工资水平在当地处于中等水平；9% 的受访者认为自己的工资水平处于较高水平。这与我们现在的汽车维修行业现状比较符合，高级汽车维修人才工资较高但是这样的人才稀缺，市场上更多的是初级技术人才，因此待遇相对就低了许多；从学历层次来看，高学历的人才所占比例不大，而在汽车维修行业占大部分比例的是中职学历的人才。这就是我们现在急需解决的问题，即怎样把中职学历的初级技术人才培养成高级技术人才。

9. 职业规划分析

大多数被调查的汽车维修从业人员对自己的职业没有太多的规划，仅 38% 有清晰的规划，29% 认为干一天算一天，33% 准备干一辈子汽车维修。5 年后会留在汽车行业但是不想从事汽车维修工作的占 32%，5 年后想自己开个修理厂，自己当老板的占 21%，准备彻底离开汽车行业，尝试其他行业的占 47%。

10.继续教育培训

对于继续教育培训学习，42%的被调查者没有时间继续学习，35%的被调查者会花1～2小时学习新的知识，23%的被调查者会花2小时以上学习专业知识，如图2-4所示。由此可以看出，从事汽车维修行业的人员在继续教育学习上较为忽略，不肯花太多时间在专业上继续学习。然而汽车行业更新换代迅速，技术知识更新较快，如果仅仅守着原来的知识，不花更多时间学习新知识，那就只有等着慢慢被淘汰。对于这个问题，笔者觉得应该从汽车维修从业人员刚进入这个行业开始抓起，应该让他们知道要想从事汽车维修行业，必须做好终身学习的准备，还要养成不断学习的习惯。

图2-4　继续教育培训时间状况

三、汽修行业的发展对中职汽修人才技能的诉求

笔者通过对汽车技术发展和汽修企业维修技术变革的分析，同时结合对不同类型技能的分类，将二者进行匹配，从而得出中职汽修技能人才需要在基础知识、核心技能、拓展技能和软技能等方面进行提升。

（一）汽车基础知识的更新

随着新一轮科技革命的不断推进，汽车技术不断更新换代，汽车结构也有着日新月异的变化。目前，汽车向着低碳化、智能化、信息化的方向发展，汽车技术的不断发展、汽车结构的不断变化为原有汽车基础知识体系注入新鲜血液，同时汽车维修人才的知识体系也需要更新。目前，汽车知识的变化主要有汽车材料和结构知识的更新、汽车构造知识的更新、汽车电子电气知识的增加、计算机知识的增加。

1.汽车材料知识的更新

在汽车轻量化发展过程中，为了减轻重量，新材料与新结构成为"新宠"。铝合金、合成树脂已成为常用材料，碳纤维的使用也在逐步增加。新材料的特性与钢铁的特性相差很大，因此在汽车维修过程中，材料知识的更新就显得尤为必要。尤其是铝钣金件的修复工艺与钢铁材料钣金件的修复工艺有较大差别。

2.汽车构造知识的更新

汽车的动力总成部分是汽车能源消耗最大的部分，为了降低能耗，大量节能技术应用于汽车动力总成部分，其主要分为两大方向，即在传统动力总成上加入新技术降低油耗和使用新能源动力总成。目前，针对传统动力总成的新技术主要有缸内直喷技术、可变气门技术、均质压燃技术、可变压缩比技术、高压共轨技术、自动启停技术等一系列先进技术。随着发动机新技术的不断加入，发动机附件和各大子系统也发生了改变。在 TSI 发动机中，由于涡轮的增加和缸内直喷的加入，发动机的进排气系统与燃油供给系统发生了变化，与进气道喷射相比，缸内直喷发动机的喷油嘴安装在燃烧室上方，喷油嘴的检修与拆装方式发生了变化，这就要求汽车维修人员对汽车构造知识进行更新，以适应新款汽车的维修，这也有助于发动机故障的诊断与检修。

汽车变速箱技术已经从传统的手动变速箱、4AT 变速箱发展到如今多元化与多挡位的变速箱。目前主要有 CVT 变速箱、双离合变速箱、AMT 变速箱、手自一体变速箱等，变速箱的挡位也逐渐增多，从传统的四速到目前的六速以上。随着变速箱技术的不断发展，变速箱种类和结构也在不断增加，这就要求维修人员增加变速箱知识的储备。

3.电子基础知识的强化

汽车电气化发展的趋势愈加明显，新款汽车的电子设备不断增加，电子控制的方式在逐步代替机械控制。例如，目前常见的发动机一般采用电控、底盘电控、变速箱电控，因此对维修人员电子电气知识的要求也在不断提高。

在底盘电控的应用中，ABS、ASR、ESP 等一系列保障汽车安全行驶的技术不断增加。通过对这些技术原理的分析可知，它们具有相似的工作原理，即传感器接收信号输入给电控单元，电控单元（ECU）根据输入的信号做出决策并控制执行器执行动作。

4.计算机知识的强化

随着汽车电气化与智能化的发展，计算机技术也在不断应用于汽车制造中，如汽车上常见的发动机电脑、行车电脑、变速箱电脑等。发动机电脑主要存储发动机在各种运行工况下的脉谱图，通过传感器的输入信号与存储的数据作对比，选择最优的控制，进而实现对发动机的控制。目前为了实现对汽车的精准控制，汽车的总成部分与涉及行车安全的控制都采用了电脑操控，由此在汽车故障的诊断与检修中，计算机知识的重要性不断凸显。

（二）核心技能的提升

目前，汽车智能化、电气化的趋势愈演愈烈，在机电一体化的背景下，仅仅依靠传统的维修手段已经不能精确判断故障点，因此就需要借助先进的诊断设备与诊断思维。保养与日常维护对汽车的重要性不言而喻，以养代修的趋势也在慢慢兴起，连锁汽车保养企业正在快速崛起。因此，先进检测设备使用技能、电气故障诊断与维修技能、汽车保养与维护技能的市场需求将会不断增加。

1. 先进检测设备使用能力

汽车电气系统的故障检测需要借助专业检测设备，即传统的检测设备如万用表、试灯等，由于其简单、易操作，目前还在广泛应用，但这些简单的检测设备存在很大的局限性。为了提升检测的效率与准确性，目前常用的检测设备有解码仪和示波器。维修人员通过解码仪读取汽车自诊断系统的故障码判定故障方向，通过示波器显示汽车传感器波形，根据故障码和波形图快速诊断故障，然后结合机械部分的观察佐证故障。在汽车故障诊断过程中，解码仪和示波器的使用愈加频繁，从而对维修人员设备使用能力的要求不断提高。

2. 电气故障诊断与维修能力

随着汽车向智能化、信息化的方向发展，汽车电气化程度不断提升，目前汽车上电子设备的数量在逐年增加。机械故障简单直观，而电气故障则比较抽象，电气故障的排查必须借助仪器，而常见的万用表之类的工具是排查电气故障的基础。

汽车维修人员在电气故障的排查过程中，对电气故障的诊断显得尤为重要。目前汽车电气化的进程还在不断推进，电气故障的诊断与维修能力将变得日益重要。

3. 汽车保养与维护能力

汽车保养与维护是目前汽车服务中利润较高的一块，也是行业准入门槛较低的一块。随着以养代修观念的深入人心，汽车保养这块蛋糕将越做越大。保养市场的做大将会带来汽车保养与维护人才需求的激增，对汽车保养与维护人员的技能要求也将不断提升。

汽车保养看似技术含量不高，但需要工作人员细致、认真的工作态度，需要把简单的工作做到极致。在汽车保养与维护过程中出现的一点小差错将会导致严重的后果。例如，汽车油底壳螺丝过紧导致的滑丝；机油滤清器不匹配或安装不当导致机油泄漏，致使发动机报废。在汽车保养市场不断扩大的未来，汽车保养技能的提升也将愈来愈重要。

（三）拓展技能的提升

目前，一大批共享汽车如雨后春笋般涌现，市场对汽车租赁运营方面的人才需求不断扩大。随着国家对二手车政策的不断放宽，二手车成交量也在不断提升，由此二手车评估与鉴定人才的需求量也在日益增长。随着人们对汽车个性化需求的不断增加，汽车美容与装潢市场不断扩大，所以汽车维修专业学生应在学习汽车维修知识的基础上，增加汽车租赁运营的知识、二手车鉴定评估的知识、美容装潢技能，以适应市场多样化发展的需求。

汽车数量的增加也带动汽车保险业务的逐年升高，汽车保险与理赔业务员的需求不断增加，由此汽车保险与理赔应作为汽修专业学生的一项拓展技能。汽车营销需要汽车知识与营销知识的结合，由此汽车营销也可以作为汽车维修专业学生的一项拓展技能。

（四）软技能的提升

软技能主要指非职业技能，软技能与个人职业生涯发展密切相关。软技能主要在个人发展、人际交流和特定环境中发挥作用，主要包括管理与沟通交流能力、思考能力、学习能力、团队合作能力、领导能力、谈判能力、自我管理能力、时间规划能力、职业道德及积极乐观的人生态度[1]。在汽修行业现代化的进程中，硬技能的学习方式大量增加，软技能的学习相对欠缺。目前愈来愈多的企业认识到员工软技能对企业长远发展的重大意义。汽修行业比较重要的软技能包括职业道德规范（工匠精神）、自主学习能力、人际沟通能力和团队协作能力等。

职业道德规范的重要性毋庸置疑。责任心是职业道德在维修工作中的具体体现，职业道德的升华是工匠精神产生的基础。在全民呼唤工匠精神回归的背景下，汽修行业职业道德的培育就显得尤为重要。汽车维修需要时刻掌握汽车的最新知识，掌握最新的汽车维修诊断工具的使用，不断学习厂家维修手册，因此自

---

[1] Taylor E. Investigating the perception of stakeholders on soft skills development of students: evidence from South Africa.[J]. Interdisciplinary journal of e-skills and lifelong learning, 2016(12): 1-18.

学能力的重要性不言而喻。汽车维修过程犹如给病人看病的过程，类似"望闻问切"的程序一样都不能少，汽修人员要在第一时间与车主进行良好的交流沟通，展现良好的服务态度。团队协作能力在汽车维修过程中的重要性也在不断增加，尤其在对汽车各大总成的拆卸与维护过程中，对提升工作效率有着明显的效果。

第二节　汽车运用与维修专业人才培养现状

一、国内关于人才培养模式的研究现状

近几年，我国中职学校在人才培养模式的创立上进行了一些探索，"校企合作、工学结合"是职业学校提得最响亮的口号，也是职业学校谋求自身发展、大力提高人才质量、努力实现与市场接轨的重要举措。其初衷是让学生在校所学的知识与实践有机结合，让学校和企业实现资源共享、优势互补，学校可以为企业定向培养学生，企业也可以为学生提供就业的机会，以切实提高育人的针对性和实效性，提高技能型人才的培养质量。

（一）"订单式"培养模式

"订单式"培养模式是近年来我国职业教育改革中出现的一种学校和用人单位合作培养人才的教育模式，是指"签订学生就业订单"的意思，具体来说就是学校根据用人单位的需要，与用人单位共同制定人才培养方案，并在师资、设备、技术等方面进行合作，学生毕业后可以直接进入用人单位。这种"订单"不仅是一张"用人"需求的预订单，而且覆盖人才培养的全过程，充分发挥了企业、学校在市场经济条件下的主体地位，为我国职业教育注入了新的活力。

"订单式"培养模式实现了资源共享，即教育资源和企业资源的共享，并且代表了中等职业教育发展的一个方向，实现了学校、企业、学生的多方共赢。

（1）有利于学校依托企业引进行业标准，创设工程教育和实践环境，形成招生、培养、就业的一体化培养模式，为学生提供广阔的就业渠道，使中等职业教育更加适应行业需求，为中职教育有效突破招生困难、生源素质差、政府部门投入少、后续发展乏力的瓶颈注入了一针强心剂。

（2）企业可以根据自身发展需要向学校提出人才培养计划，并选择有相应实力的学校代为培养人才。

（3）学生也可以根据自己的知识基础与能力、爱好选择专业，学到一技之长，从而立足社会，实现自身价值。

"订单式"人才培养模式的最终目的是使学校培养出来的人才为社会和企业所接受，学以致用，为社会创造价值。这种建立在校企双方互相信任、紧密合作基础上的"订单式"人才培养模式就业导向明确、企业参与程度深，能极大地调动学校、学生和企业的积极性，提高人才培养的针对性和实用性，实现学校、企业与学生的"三赢"，是一种产学结合的高层次形式。

（二）"工学结合"培养模式

"工学结合"人才培养模式是一种将校内学习与实际工作相结合的教育模式，其目的是把学生由知识体系导向工作体系，实现抽象知识与岗位实用技能的转化，并通过真实的企业文化和职业氛围，实现职业道德的培养和职业素养的形成。

"工学结合"包含"工"和"学"两个方面，学而习之，习而再学之，循环交替，互相促进，互为补充。工和学的内容应具有密切的相关性，为工而学，为学而工，工和学贯穿整个人才培养过程之中，利用学校和企业不同的资源和环境，发挥学校和企业各自的优势，把以课堂传授知识为主的学校教育与直接获取实际经验和能力为主的企业教育有机结合，实现学生职业能力与企业岗位要求之间的无缝对接。其目的都是围绕人才培养目标，培养具有岗位针对性、与社会需求紧密结合的高技能人才。工学结合的教学过程充分体现了实践性、开放性和职业性的特点，符合职业教育的本质规律，贴近社会经济发展的需求。

"工学结合"培养模式给学生带来以下益处。

（1）使学生将理论学习与实践经验相结合，从而加深对自己所学专业的认识。

（2）通过工作实习使学生看到了自己所学的理论知识与实际工作之间的联系，提高他们对理论知识的学习兴趣，增强学习的积极性和主动性。

（3）让学生早日跳出学校这片小天地，与工人接触，加深了对社会的认识，体会与同事建立合作关系的重要性，培养了团队合作的精神。

（4）通过参加实际工作，学生获得了考察自己实践能力的机会，也锻炼了快速适应环境的能力。

（5）让学生经受实际工作的锻炼，可以提高他们的责任心和自我判断的能力。

（6）有助于学生就业。这些学校的学生享有优先被雇主录取的机会，其就业率高于未参加合作教育的学生。

（三）"顶岗实习"培养模式

"顶岗实习"是深化人才培养模式改革、强化学生职业道德和职业素质教育的良好途径，也是学生职业能力形成的关键教学环节。顶岗实习使学生能够尽快将所学专业知识与生产实际相结合，在校期间就能实现与企业和岗位的零距离接触；使学生能快速树立起职业理想，养成良好的职业道德，练就过硬的职业技能，从根本上提高人才培养质量和就业竞争力，是学生从"读书人"向"职业人"转变的一个重要过程。

在课程都已经修完的情况下，中职学校允许学生提前走上工作岗位，开始实际工作锻炼，直接接受企业的考评。"顶岗实习"培养模式既有优势，也存在缺陷，其优势在于学生在真实情境中进行综合实习，边学边练，能迅速提高岗位工作能力。其缺陷表现在有时企业因顶岗实习的是学生，就有意识地降低工作标准以及专业工作要求，甚至出现关键的工作岗位和核心的技术都不让学生接触的现象，学生难以获得"真经"。

二、国内技能人才培养研究

（一）汽车运用与维修专业课程与教学研究

课程建设是中职汽车运用与维修专业人才培养的核心环节。课程是教师与学生之间沟通的桥梁，是学生能力培养的基础与依据，教学以课程为基础，在教学中课程与学生的关系最为密切。在对课程的研究上，有学者提出借助多媒体辅助的手段帮助汽车运用与维修专业的课程教学，增加知识获取的途径，加深学生对知识的印象，丰富学生的知识[1]。在课程编制方式上，有学者提出根据对典型汽修工作人物的分析来构建汽车运用与维修专业的课程体系，通过与行业企业相关专家沟通共同确定汽车运用与维修专业的课程内容，构建符合行业要求的实训室，建设在线学习资源库[2]。为了培养符合汽车运用与维修企业要求的技能人才，汽车运用与维修专业的课程内容需要以工作内容为依据，应该包含课件、视频录像、模型等内容，促使教学从学科本位向能力本位方向转变。也有学者提出基于工作

① 王统玉.多媒体在中职汽修专业教学中的应用[J].教育现代化，2018,5(37): 221-222.
② 陈高路，刘建平，辜东莲，等.基于能力培养的中职汽修专业工学结合课程研究与实践[J].中国职业技术教育，2015(8): 34-37.

过程的课程建设，将汽车运用与维修工作过程与课程体系对接，着重发展学生的综合素养与可持续发展能力，注重课程的职业性、开放性和实践性，帮助学生提升职业技能，快速适应工作岗位任务。项目化的课程应当贯穿工作的全过程，而不仅仅是一个个单独的工作任务，课程项目应当涵盖培养目标的知识与技能，也要包含职业素养、职业道德等重要内容[①]。信息化在一定程度上可以辅助汽车运用与维修专业课程的建设，帮助学生更好地掌握知识、提升技能，且减少了时间与空间的制约。课程信息化建设是中职汽车运用与维修专业的重点任务，利用信息化手段，并在课前、课中、课后三个阶段应用信息化教学，课前预习辅助教学，课中交流互动与演示辅助学习，课后巩固复习。信息化课堂教学具有多样的手段，常见的有微课与翻转课堂[②]。

从以上对课程研究的文献中可以看到，信息技术、虚拟现实技术等一系列新技术对汽车运用与维修专业的课程改革具有推动作用。课程建设的依据是企业实际用人需求与行业的技能标准，因此课程的建设过程需要企业与行业的专家一起参与。

（二）汽车运用与维修技能实训的研究

实训是职业教育中重要的一环，是沟通职业岗位与教学的桥梁。中职汽车运用与维修专业的实训模式主要为校内实训，部分学校与企业进行校企合作，在企业实际工作场所中提升学生的技能。目前对汽车运用与维修专业实训的研究主要为实训模式、实训场地建设。有学者提出实训教学体系的构建需要校内校外共同努力，企业与学校协同构建实训中心，以企业实际工作内容为实训项目，不断丰富实训教学的项目[③]。在实训项目开发上，有专家提出学校的实训项目开发需要借鉴企业高级维修技师、汽车后市场管理人员、相关课程的专家等专业人士的意见，制作优质实训教程的网络学习资源，共同学习，促进学科发展。相关研究指出，实训中使用项目式教学方法可以提升学生的学习积极性，对学生的技能提升也有很大帮助，有助于对接企业的技能需求。汽车运用与维修实训的项目式教学主要包括以下步骤：确定知识模块、形成教学项目、学生分组、教师指导答疑、项目实施、总结评价成果[④]。

---

① 赵亮.高职院校汽修专业课程项目化改革与实践 [J].汽车实用技术，2017(24): 176-178, 184.

② 温洁明.基于微课的翻转课堂模式在汽修专业课程教学中的探索 [J].亚太教育，2016(25): 144-145.

③ 马海兵."产教融合、校企合作"模式在汽修实训基地的实践研究 [J].时代汽车，2017(22): 41-42.

④ 顾春燕.项目教学法在中职汽修实训教学中的运用探究 [J].汽车维护与修理，2017(10): 35-37.

有学者对理虚实一体化教学在汽车实训教学中的应用进行研究，发现理虚实一体化教学能促进提高学生学习的积极性，凸显学生的主体性。在教学过程中教师的主要工作是辅助与引导学生的学习，教师可以利用虚拟仿真软件与数字化平台辅助学生学习，在提升学生技能的同时丰富学习内容，不断提升学生的职业素养[①]。在实训基地的建设思路上，有学者提出建立学校内部的生产性实训基地，将企业的实际生产任务引入学校的实训中，实训任务的制定充分考虑企业的岗位工作情况，在设备布置、区域规划、考评标准等方面与企业实际作业接轨。在汽车运用与维修实训教学中，有研究指出信息化技术可以促进汽车运用与维修实训教学，运用信息化手段创造多元化的实训教学方式，营造真实的工作场景，培养学生的学习兴趣与学习积极性，锻炼学生的实际工作能力。在翻转课堂对汽车运用与维修实训作用的研究中，研究者发现通过翻转课堂的学习可以提升学生的自主学习能力，对实践技能的提升也有较大的帮助。实训教师的技能水平决定了学生的实训效果，因此在翻转课堂的教学过程中对教师综合能力的要求较高，此外还需要保证学生预习的质量[②]。在实践教学的评价方面有学者指出，实践教学成果的评价需要采用多元化的评价方式，即小组互评、学生自我评价、实训教师评价等多种评价方式相结合。评价不仅应关注分数，更应该关注学生的发展，注重学生的创造性和实践能力，调动学生的学习积极性，充分发挥多元评价对实训教学的促进作用。

通过以上研究可以发现，实训教学是汽车运用与维修专业教学中的重要一环，实训教学的内容需要以企业实际工作任务为基础，实训场地的建设需要贴近企业实际维修工作，因此除了学校的实训基地，企业也是学生实训的重要场所。

（三）汽车运用与维修专业师资研究

国内有关汽车运用与维修专业教师培养的研究主要提出了双师型教师队伍建设的建议，并通过多渠道、多层次的培养提升教师的理论教学能力与实践技能水平。关于教师在汽车专业教学中的作用，有学者提出教师主要应引导学生的学习，培养学生的职业能力，向学生灌输职业道德思想[③]。

---

① 董艳阳.基于"理虚实一体化"的中职汽修实训教学模式研究与实践——以正时带的安装与调整为例[J].汽车维护与维修，2017(10): 38-40.

② 陆超.基于微课的翻转课堂模式在汽修实训教学中的探索——以"气缸磨损的检测"项目为例[J].交通职业教育，2016(1): 39-41.

③ 田源.学做课改中的聪明指引人——浅谈汽修教师的科学定位[J].中等职业教育（理论），2012(10): 9-12.

在对汽车运用与维修教师能力要求的研究中，有学者指出，汽车运用与维修专业教师需要有扎实的理论知识与较高的技能水平，才能胜任当下的教学环境。提升教师理论与技能教学水平的主要方式有校本培训和企业实习。校本培训注重教师教学能力的提升，以公开课的形式来提升教师的技能水平[①]。职业学校的校内实训基地不只是为了实训教学，利用校内实训基地提升教师的实践技能也是一个不错的选择，这样有利于促进教学内容与生产实际的接轨。有学者在研究中指出，通过加强校内实训基地建设与校企合作共同培养双师型教师，教师自身也应当不断更新知识储备，与汽车运用与维修企业的实际维修工作接轨，提升实践教学能力以促进对学生的技能培养[②]。学生技能培养离不开技能娴熟的教师，教师需要合理利用数字教学资源有效促进学生技能的提升。汽车运用与维修教学需要理论与实操相结合，纸上谈兵的教学方式对学生技能的提高收效甚微，因此教师需要提升自身的技能水平。

有研究指出，汽车运用与维修专业教师应当从三个方面着重培养自己的能力，即在专业教学理念与教师基本道德素养方面不断提升自己；在专业知识教学方面紧密联系汽车运用与维修企业实际维修任务，紧跟汽车运用与维修技术发展的步伐；在专业能力方面，理论知识与实践技能并重，可以通过学校培训与企业挂职等方式以不断提升汽车运用与维修操作技能[③]。同时有学者指出，中职汽车运用与维修专业教师应该注重从三个方面培养自己的能力：校内教师之间的帮带，即老教师引领新教师；教师师德与师风的建设，培养新教师良好的师德与师风，此外还应注重汽车运用与维修职业道德的培养；在实践技能提升方面应采用企业挂职和聘请企业高级技师开展培训的形式。有学者从校企合作的角度探讨其对教师成长的作用，校企合作可以帮助教师提升教学能力与科研能力，有助于改变教师的教学观念，创新教育模式，还可以拓宽教师的来源，优化教师队伍[④]。有学者对汽车运用与维修教师的实践能力做过专项研究，研究中发现可以从以下三个方面提升教师的实践能力，即校内实训基地的强化练习，企业轮岗实习，接受汽车品牌技术中心的技能培训。

① 孟华霞.汽修专业教师发展的校本培训策略[J].汽车维护与修理，2018(12)：61-62.

② 贾心红.高职汽修专业教师专业实践能力培养探究[J].河北农机，2017(7)：40.

③ 陈惠武.中职汽修专业教师现状分析和对策探讨[J].中国培训，2016(12)：86，88.

④ 王晓凤.校企合作模式下的高职汽修专业教师队伍建设研究[J].中小企业管理与科技，2014(6)：265-266.

通过对以上有关汽车运用与维修专业教师培养的研究和总结可以发现，目前汽车运用与维修专业的教师需要提升自身的操作技能，还要不断提升自身的职业道德和职业素养。

第三节　国外汽车运用与维修专业人才培养现状

一、国外人才培养模式

世界发达国家中等职业教育模式大多也是基于"校企合作、工学结合"模式下形成的一些具有自身特色的人才培养模式，如"双元制"模式、"CBE"模式、"TAFE"模式等。

（一）"双元制"模式

该模式以德国为代表，"双元制"是指学生具有"学校学生"和"企业学徒"双重身份，由学校中的教师和企业中的教师进行理论与实践两个方面的职业教育，但以企业为主，即按照企业对人才的要求组织教学和岗位培训。这个模式是世界公认的"校企合作、工学结合"人才培养模式的典范，是以企业为一元、职业学校为另一元的"双元制"职业教育模式。学生在职业学校学习理论知识、在企业通过实习掌握职业技能。此种教育模式是德国职业教育的核心，是促进德国产业经济发展的利器。

"双元制"模式的特点有如下几点。

1. 与企业生产岗位紧密结合

此种教育模式下的学生大部分时间都在企业进行实际操作技能培训，而且所接受的大都是企业当前使用的设备和技术，不会存在"所学知识滞后于技术发展"的问题。培训在很大程度上是以生产性劳动的方式进行，从而减少了实训耗费，还能增强学生的责任心，提高其学习的主动性，有利于学生及时上岗工作。

2. 与企业开展广泛的合作

大型企业大都拥有自己的培训人员和培训基地，它们通过与学校合作，进而开展各类培训，参与职业教育，实现资源共享、优势互补。

3. 互通式的各类教育形式

德国的学生在基础教育结束后的每一个阶段，都可以从普通学校转入职业学校；接受了"双元制"职业培训的学生也可以在经过一定时间的文化课补习后进入高等院校继续学习。

（二）"CBE"模式

该模式以加拿大、美国为代表。"CBE"是以能力为基础的教育体系（Competency-Based Education）的英文缩写。这种模式以能力为基础，其核心是从职业岗位的需要出发，确定能力目标。由有代表性的企业专家组成的课程开发委员会制定课程开发表，即能力分解表，然后组织教学内容，最后根据要求进行考核。

"CBE"教育模式要求学生在完成一段时间的实习任务后，对参与的工作进行详细总结，学生参与实践的单位也得写出对学生表现的评价意见。学生返校后，项目协调者要从学业和实践两方面对每一位学生做出全面评价，以确定该生这段时间接受的合作教育是否合格。"CBE"教育模式把教学与实践结合起来，从而把教育推向社会，实现了"教育面向社会，社会参与办学"的双向模式。

（三）"TAFE"模式

该模式以澳大利亚为代表。"TAFE"是技术与继续教育的英文缩写，原文是Technical And Further Education。这种模式根据产业发展的需要，由行业培训咨询机构（ITAB）制定和开发，一经认证和注册，学校和培训机构就按照此模式对学生进行培训与教育，按照能力标准所规定的评估指南对学生培训教育结果进行评估，并对评估合格的学生颁发准备就业的国家资格证书。

"TAFE"模式的特点有如下几点。

（1）职业教育主要由政府负责，职业教育的经费投入主要由国家承担。

（2）实施职业教育的主要实体——技术与继续教育机构，是一种强调就业导向的现代意义的"新学徒制"机构，其规定百分之八十的时间在工作现场进行"工作本位"的学习，百分之二十的时间在教育机构里进行"教学本位"的学习。

（3）澳大利亚的教育具有完备的职业资格证书体系，即通过国家资格框架体系与培训，采取学分制以及多场所、多形式的教学方式，实现多入口、多出口的职业教育与高等教育的无缝衔接。

二、国内外人才培养模式的比较分析

（一）共性特征分析

1.市场科学导向方面

中等职业教育的培养目标决定着其人才培养模式面向市场的特征。中职教育人才培养主要是为生产、建设、管理、服务等一线工作培养实用型、技术型、应用型、复合型人才，具有明显的职业技能属性。社会对各类人才的需求因时间、地点而发生变化，与一定的市场、职业、技术等条件有密切联系。因此，中职所培养的人才要以市场的实际需求为导向，在立足市场这一前提下，以社会需要为中心，社会需要何种人才，中职就培养何种人才。

2. 能力提升方面

能力提升是中职教育的核心。"能力本位"是职业教育的基本思想，其突出特点在于以现实职业分析为基础设计课程内容，以实际职业需要为出发点组织教学活动。能力的提升包含专业技术能力、经营管理能力和综合能力，不仅包括动手操作能力，还包括任何行业都必须具有的基本能力，如知识、技能、经验、情感、态度、价值观等。

3. 人才培养目标和培养规格方面

在科学技术发展和世界经济一体化的推动下，传统的单一职业岗位不断衰退，新的综合职业岗位不断涌现，人们对综合知识的需求与社会对人才的需求日趋强烈，国内外职业类院校为此积极探索并实施人才培养策略。国内外职业教育在复合型人才培养方面的规格与标准是基本相同的：能满足初次就业的专业基础知识和基本技能；能满足综合性岗位需求的复合能力，包括工作能力、创新能力、管理能力、学习能力等；培养有利于终身发展的综合素养和综合意识，包括道德素养、文化素养、身心素养以及法治意识、安全意识、环保意识等。

（二）差异性特征分析

1. 实践教学方面

国外中职教育实践教学的完成主要是在企业，而不是在学校。我国中职教育实践教学的完成主要是在学校，而不是在企业。

国外的实践教学主要由企业解决，校企合作程度高、效果好，并且在政府政策调控下，企业的需求、责任感与使命感结合在一起，共同构建了成熟的校企合作体制。德国"双元制"的成功形成了"企业必须深度参与职业教育"的职教观念，使校企合作更加密切；澳大利亚职业院校紧邻企业区，使校企合作更加便利，结合企业、车间、岗位的实际情况，由企业安排"培训责任人"协同教师共同对培训生进行现场操作的指导。

我国对人才的培养是通过产学合作、双向参与、顶岗实习等校企合作方式，提高学生的全面素质，以适应市场经济发展对人才的需求，但校企合作培养人才的运行机制尚未形成。虽然政府积极提倡，学校热烈响应，但企业仍处于被动接受的状态。以汽车拆装技术为例，学生所使用的设备太过单一陈旧，修理工具也不能与企业同步，实践教学课程主要是在学校，由学校教师授课，再加上对实训设备投入的极大不足、专职教师（特别是双师型教师）的匮乏、社会对职业教育的误解等原因，学生学到的尽管是实用技术，但无法保证学生的实际就业。

2. 发展性方面

国外将中职教育纳入终身教育的体系中，而我国在很大程度上还被"终结教育"的阴霾所笼罩。

国外是基于"以人为本"的思想，认为接受职业教育是一种基本的人权，这种教育形式应当完全服务于人的职业生涯，不仅为在校学生提供就业技能培训机会，更为社会上现实劳动者和潜在劳动力提供培训及终身学习的机会。例如，澳大利亚的 TAFE 证书既是就业的必备条件，又可与大学学位挂钩。澳政府还规定，只有获得 TAFE 证书才能从事相关专业的技术性工作。

国内职业教育起步较晚，在办学形式上还没有完全摆脱学历教育、封闭教育的影响，对社会人员以及对校内学生的开放教育程度较低。我国虽然提出"职前职后两手抓"的口号，但在"学历教育独尊"的大环境下，承担"职后非学历教育"的职业资格培训就显得"心有余而力不足"了，特别是对高级专业技术人才的培养更是苍白无力。我国的职业教育在发展性方面还需要更多的时间。

3. 全面性方面

国内外中职教育人才培养模式的落脚点都是全面提高学生的素质，但我国在具体的培养过程中容易走入误区。

以美国的"CBE"模式为例，其特征是整个教学的目标基点是如何使受教育者具备从事某一特定职业所必需的全部能力。这种能力包括以下内容。

（1）知识，指涉及与本职业或本岗位密切相关的知识领域。

（2）技能，指操作、动手解决实际问题的能力。

（3）态度，包括做事的态度，也包括做人的态度。

（4）反馈，指在完成某项工作的过程中，不断地总结反思，具备不断地发现问题、解决问题的能力等。

我国在全面提高学生素质方面还有所欠缺，主要表现在两个方面。

（1）做人教育的缺失。教书育人，顾名思义，除了向学生传授正确的知识外，还应注重做人的教育。我国大多数中职学校只强调"专业对口"，强调"做事"教育，强调学生对科学知识、专业技能的掌握，过于重视课程的工具性取向，而忽略了对学生"做人"的教育、合作精神的培养以及与人共事能力的培养，导致他们社会素质及心理素质的错位，缺乏为社会发展和科技进步服务的后劲，缺乏"人文关怀"和"终极情感"。

（2）创业教育的缺失。长期以来，我国大多数中职学校以培养学生具备一定的工作技能为主要教育目标，缺乏对创业意识、创业能力方面的培养与研究，这就导致中职毕业生缺乏创业意识，缺乏对个人、对就业前途的正确评估。

第三章　汽车运用与维修专业人才培养
存在的问题及原因

社会的发展、经济的腾飞已经向职业教育提出要求：职业教育要"以就业为导向，以全面素质为基础，以能力为本位，适应学生终身学习的实际需求"。这是职业教育教学活动的出发点和归结点。为此，职业学校必须树立以全面提高学生素质为基础，以提升学生职业能力为本位的办学指导思想，转变职业教育只培养有一技之长的技术工人的传统思想，明确职校学生综合职业能力的内涵。

第一节　汽车运用与维修专业人才培养存在的问题

一、学校现有人才培养模式的总体评价

为响应国家教育部的号召，在积极探讨和推进工学结合、顶岗实习人才培养模式上，中等职业学校汽车运用与维修专业目前主要采取了"2+1"人才培养模式，即学生前两年在学校进行理论知识学习与操作技能训练，第三学年进入合作企业生产一线进行顶岗实习并过渡到就业。这种模式对于企业而言，每年都可以从对口学校获得定量的、不间断的实习生源和技能人才；对于学生而言，将顶岗实习与"预就业"结合起来，不仅具备了实践能力的优势，并且在实习期间享受与员工相同的各项待遇，实习结束考核合格后即转为正式员工，从而完成从学生到"职业人"的过渡；对于学校而言，与企业保持良好的合作关系，促进了校企合作。

但不可否认的是，目前中职学校毕业生普遍存在能力缺失的问题：文化课方面比不上普通高中毕业生，技能方面又比较单一、层次也不高，职业能力的发展基础比较薄弱，表现在不能吃苦耐劳、动手能力差、与人交往的能力较差、自学能力差、自律能力差等方面。

形成这些现状的原因，除了生源素质较低这一客观因素外，根本问题还是在

于人才的培养模式有问题。下面主要从教材使用情况、教学模式、师资队伍建设情况、校企合作等几个方面进行分析。

二、存在的主要问题

（一）专业教学模式与教材不匹配

从课程设置来看，汽车运用与维修专业理论课开设较多，没有考虑师资情况，实训项目也较为繁杂与实训设备不符合。汽修专业课程的设置应根据本校学生的实际情况和实训设备设施情况，从学生的学习能力、知识接受能力出发，对一些理论性强的概念、系统原理要做一定调整，把繁杂的问题简单化。传统的教学模式大多是先讲理论，再进行实践操作，有些较早的教材并没有实践操作部分，对基础文化素质较差、年龄偏小的中等职业技术学校的学生来说，理解起来相对困难。

近年来，由于汽车运用与维修专业的连年扩招，汽车运用与维修专业的教材也逐渐增多，但大多数中职学校在教材选用上没有经过深入思考，往往忽略了自身的办学设备与相关教材是否匹配。当前的教材也存在着许多问题，主要表现在以下几个方面。

（1）现有教材与职业教育的现状不匹配，专业理论知识较深奥，各方面的专业知识内容偏多，实践操作内容不够简单、直接、明了，对于初中毕业成绩又不太好的学生来说理解和吸收起来较为困难。

（2）现有教材编写存在转抄内容居多、编写质量不高的问题，如汽修专业的基础教材中机械类的相关知识虽然冠名"中职中专计划课本"，但内容多沿用高等教育的机械专业教材内容，没有专业特色。

（3）教材各版本内容知识陈旧，不能及时根据汽车技术发展增加新理论、新工艺、新装备、新材料、新规程等，不能顺应高新技术人才的培养。

（4）缺少相应配套的实训类课本。汽车运用与维修专业本是技术性很强的专业，需要理论与实际操作结合在一起，如汽车发动机的构造及维护课程就应该配套一本实训手册，把汽车发动机的拆装和故障诊断分项目与课本保持一致，这样才能让学生真正地把汽车发动机的整体知识搞明白。

（二）"理实一体化"的教学模式未达到预期效果

虽然教育教学每年都在不断地进行改革，且汽车运用与维修专业也提出了"理实一体化"的教学模式，但一直都未能实现真正的"理实一体化"。尽管目前已初步形成"理实一体化"的教学模式，但是"理实一体化"的教学需要"理实一体化"的教材、教师和场地作为支撑，职业学校在这些方面还存在不足，教学实际情况与理想效果差距悬殊。

（三）双师型教师严重不足

从表3-1××中职学校汽车运用与维修专业师资情况可以看出，师资问题是该校面临的最紧要问题，理论教师和实训指导教师总共12人，不但在数量上严重不足，而且教师素质也无法满足现有教学需求。本专业三个年级共300多名学生，专业老师的生师比高达25：1，在这种情况下要把职业教育办成功是不容易的。另外，教师队伍在能力上参差不齐，长期从事专业理论课教学的教师，大部分为本科毕业学生，没有在企业工作的经历，实践经验少，在大学学习的理论知识与实践教学脱节，动手操作能力较差，需要进行再培训。实践经验丰富的实训指导教师因来自企业，动手能力较强，但没有较高学历水平，理论水平普遍偏低，专业理论知识较弱，教学方法不够系统化，在教学过程中实践与理论知识衔接不到位。

为了满足社会需求，原国家教委在《面向二十一世纪深化职业教育教学改革的原则意见》中提出了职业学校要加强双师型教师队伍建设的要求，从事职业教育的教师应该至少要具有大学本科及以上学历。另外，汽车维修行业的技术知识更新较快，实践经验与理论知识都需要不断更新，只有双师型的教师才能跟上社会的发展。另外，大部分双师型教师在工作中没有得到公正合理的评价，这会妨碍教师积极性的发挥，影响教育教学工作的效果。

表3-1　××中职学校汽车运用与维修专业师资情况

类　别	人　数	学历情况				职称情况				
		研究生	本　科	专科	其　他	高　级	中　级	初级	无	
理论课教师	人数	6		6			2	3	1	
	比例	50%		100%			34%	50%	16%	
实训指导教师	人数	6		6			1	2	3	
	比例	50%		100%			16%	34%	50%	
合　计	12人	双师型教师		2人		双师型教师比例				17%

（四）实训设备不足，现代教育技术手段单一

随着我国经济的快速发展，中职教育得到了国家和社会的高度重视，也因此获得了快速的发展。但是，中职学校大部分老师都承担着较重的教学任务，课程内容设计不能适应科学技术的发展，更无暇顾及校本教材编写的事情。汽车行业的专业理论知识与技能要求在不断发生变革，需要中职学校教师不断调整教学目标和教学内容来适应新要求。

现在中职学校汽修专业的教学模式仍然沿用"传统教学模式下的课堂教学"的教授模式，学生在教室坐着听课，教师一人在讲台对着课本、黑板讲课，稍微进步点的是采用多媒体教学方式，教师可以放视频给学生看，这种教学手段可以解决部分问题，但是要想全部依靠网络资源还不行，因为各校培养理念不一样，学生素质各不相同，学校设备设施不同，教法自然有差别，所以应该继续思考更多新的教学技术手段。

（五）校企合作没有落到实处

不管是工学结合还是校企合作，职业教育都是为了让学生将所学知识与市场接轨，不断缩小学校和企业差距，然而因为学校和企业的目标不同而使这种合作名存实亡。理论上学校输出的人才是企业的生产要素，有了好的生产要素就可以为企业创造好的经济效益。但是，学校输送的人才对于特定企业来说具有不确定性，学生毕业后不一定会去对口实习或者合作企业工作。另外，在一线从事汽修的人员具有不稳定性。在这种投入的资本并未确定的前提下，企业的合作意愿不高，不会全情投入，这就导致了校企合作的效果不明显，甚至徒有其名。

对于企业来说，其更关心成本与收益，但如果企业过度追求效益最大化，将会使校企合作培养模式流于形式，校企双方前期工作会付诸东流，降低了彼此的互信度，不能为企业稳定地创造收益①。

从学生角度看，学生在教育过程中占主体地位，但在人才培养方案的实施中却经常被忽略，在顶岗实习企业和岗位选择上基本没有让学生参与，都是以学校或企业安排为准，没有考虑学生的个体差异和对各个岗位的适应性。在实习过程中，如果学校和企业没有对学生在岗位上进行引导和教育，会不利于学生的角色转变，这就完全失去了工学结合培养的目的。在完成学校安排的实习任务后，能在实习企业转为正式员工继续工作的学生较少，一方面对学校安排的企业有一定

---

① 郑新强.工作过程导向的中职汽修专业教学模式改革研究[D].广州：广东技术师范学院，2017.

的抵触情绪，另一方面总觉得会有更好的企业，在双向选择的前提下，想尽量避免盲目选择[①]。

"工学结合"人才培养模式具有较强的针对性，每个企业的岗位不同，涉及的专业知识点不同，在学校教育中不可能针对某一家企业的工作岗位而设置教学内容。有个别企业是抱着招聘廉价劳动力的态度，而学校是抱着提高就业率的态度，双方在这样的前提下签订人才订单培养协议，其合作肯定不能长久与深入[②]。

（六）学生考核方式不够全面

对学生专业课的考核现在主要还是分为理论考试和实操考试，理论考试方面已经在逐步变化，从以前单一看卷面成绩转变成综合考评，并加上了平时表现的成绩，这样要比单看卷子分数要合理些，毕竟现在的技术人才要求是多方面的，职业素质也是企业看重的方面。但是，实操考试不够规范，没有详细规则，每个实训项目考评基本差不多，大部分时候教师只能凭大概印象给个等级或分数，不能完全反映出学生的操作技能。

汽车维修专业技能等级证考试方面相对要规范些，是因为要从校外聘请其他有考评资质的人员一同参与考核，也有人力资源和社会保障厅给定的考核试题和考核评分细则，考场次序也有相应的监督，所以现在企业对汽修专业技能职业资格证的认可度比较高。

第二节 汽车运用与维修专业人才培养问题的原因

一、课程体系建设滞后的原因

第一，由于我国对中职学校课程体系建设的总体要求不统一、不深入，以致大多数专业的课程开发方法和模式不明确、不规范，导致目前本专业在课程设置方面仍以学科课程模式为主，比较注重理论知识的培养，而技能训练相对不足，而且所学的理论知识与实训技能脱节，甚至经常出现理论知识跟不上实训技能步

---

① 金娇荣.中职汽车运用与维修专业建设研究——以玉环二职校为例[D].杭州：浙江工业大学，2017.

② 姜丽娟.新时期如何培养新能源汽车维修人才[J].时代汽车，2017(3)：43-44.

伐的情况，课程内容也滞后于专业技术的更新与发展，在学校所学的知识技能等到了企业里已经过时了，不能够学以致用。

第二，目前我国的中职学校主要还是以借鉴国外教学模式为主，少有考虑到我国国情，如国家职业标准、安全性措施等重要内容根本就没有纳入教学，课程设置与职业资格证书考试不相符合，校本课程只是流于形式。

第三，虽然各大职校都在提课改，都在进行新的课程体系建设，但大体做法都是加大实训课时数，相应减少文化课时数。实训设备有所增加，学校硬件水平得到了提高，但承载先进职教理念的课程体系不健全，对知识、技能、情感的定位与衔接还是粗放的，软件建设跟不上，办学品位不高。

第四，领导重视程度不够，经费投入不足，只凭借学校和教师的一腔热血最后也无济于事，无法进行深层次的建设。

二、教材建设落后的原因

教材作为沟通教师和学生的媒介，在教学过程中发挥着重要的作用。中职教材不同于其他教育层次的教材，其使用对象、内容编排都有特殊性。首先，学生的知识水平偏低，理解能力不强；其次，中职教育的目的是培养学生的实践动手能力，而不是理论知识。从这两个方面来说，现在的中职教材普遍存在着内容编写过分注重理论知识，忽视学生专业技能培养，与实践脱节，使培养对象与社会职业不相适应等问题，最终导致达不到中职学校教育教学的目的与要求。目前本专业所选用的教材基本都还是老教材，几年都没有什么改变，而汽车技术又发展得非常快，教材还停留在几年甚至十年前的技术上，根本就无法满足当今汽车技术发展的需求。

造成这种情况的主要原因是，在学校现行的教师绩效考核与管理制度下，教师失去了创新与改革的精神，不愿意再去学习新的技术，接受新的挑战。年纪稍长一点的教师有社会经验和实践经验，但他们觉得自己该评的职称级别已经评上了，就失去了创新与改革的动力，不愿意再去研究和开发新的教材；而年轻教师大多都是从本科院校毕业就直接进入中职学校进行教学的，缺乏实践经验，编写校本教材的能力还有些匮乏；而且学校领导也不太重视，没有为专业课教师提供社会实践的机会，舍不得在专业师资的培训学习上投入经费，对于参与编写教材等进行创新的教师也没有鼓励，久而久之，许多教师就失去了创新与改革的热情，缺乏教材建设、教材更新的积极性，因此部分教师长期沿用过去的教材，导致该专业采用的教材陈旧、教材内容落后。

三、教学模式落后的原因

第一，传统的教学模式对教师和学生的影响根深蒂固。教师是主角，学生是配角，颠倒了现代教育理念中的师生关系。职业教育套用普通教育的教学模式，在教学方法改革方面很难出现突破性进展。教学组织形式主要延续普通教育的模式，采取班级授课制，以课堂教学为主体。在课堂上，教师还是以讲授为主，没有给学生留出自由表达思想的空间，未能让学生充分发挥个体潜能。面对学生的一些有价值、值得讨论的解答，教师一般就是立马做出评价，没有把时间留给学生，让他们独立思考、互相评判。而当今的中职生大多也缺乏独立思考、自主创新的精神，就算教师让他们进行头脑风暴式的小组讨论，他们也是趁机聊天，根本就不会就问题相互讨论、相互启迪，缺乏自律性，也缺乏思维的独立性。

第二，人才培养与社会需求脱节。学校过分追求一次性就业率，只要学生通过各项课程考试，拿到相关技能等级证书，一般都能顺利毕业，没有重视学生综合能力的提升和用人单位对该专业毕业生综合素质的需求。而企业对员工的要求除了需要具备一定的专业技能外，更为看重的是职业道德、劳动品质、合作交往等关键能力或素养。但这些能力在学校教育中往往被忽略，或在实际操作中没有真正落到实处，造成企业抱怨招不到好员工，学校、学生则抱怨企业太挑剔的局面。

四、师资队伍结构不合理的原因

我国中职师资队伍中有相当一部分人没有经过系统的、严格的教师培训，教育教学理论与技能水平没有达到要求，教师资格证书的获得不是经过严格的考核，而只是经过常规的认证。特别是专业课教师，目前汽车专业的专任教师大多是大学汽车专业本科或专科毕业，基本无企业工作经历，导致了大多数教师"理论知识丰富而实践经验欠缺，理论教学能力较强而实践教学能力薄弱"的尴尬处境。

由于"理实一体化"特别强调在充分发挥教师主导作用的同时，通过设定教学任务和教学目标，让师生双方边教边学边做，全程构建素质和技能培养框架，丰富课堂教学和实践教学环节，在整个教学环节中，理论和实践交替进行，直观和抽象交错出现，没有固定的先实后理或先理后实，而是理中有实、实中有理。这就要求教师在教学过程中既要进行理论上的讲授，又要组织学生进行专项的技能训练，对教师的综合素质提出了较高的要求，而专业课教师双师素质达不到应有的水平，而且在日常教学工作中，专业理论课教师实践能力低，实践课教师专业理论水平不高。教师智能结构单一，难以全面实施现代职业教育教学方法。

五、校企合作与实训基地建设与管理弱化的原因

近年来，汽车运用与维修专业设备设施在不断购置和更新，新建的实训室、校内外实习基地不断增加，学生到企业参加实习的机会增多。部分学校与重庆恒通客车、长安福特、嘉陵本田等企业长期合作，建立了 5 个校外实习实训基地，半年以上顶岗实习学生占应届毕业生总数的比例达 94%，但依然面临着不对等性、脆弱性、风险性，缺乏体制、机制保障等问题。其主要原因有如下几点。

第一，学校合作能力不强。在校企合作的过程中，由于学校合作能力与企业的期望存在不对等性，因此校企合作难以深入开展，有的甚至难以为继，学校自身的合作能力不强是一个重要的制约因素。总之，导致学校合作能力低下的原因主要有专业建设缺乏内涵、师资水平不高、现有的学科化教学安排不能与企业对接、办学思想落后、缺乏改革的勇气和创新的能力等。

第二，企业参与动力不足。总的来说，企业参与职业教育的程度较低，积极性不够。造成这一现象的原因有很多，如我国的企业以中低端制造业为主，利润空间有限，过剩的劳动力和低端制造业使企业在中短期内普遍缺乏按较高的标准培训员工的动力；整个社会的诚信度较低，高水平、高素质的劳动力又短缺，也使企业不愿花大价钱培训员工，怕最后"为他人做嫁衣"。这些因素在很大程度上影响了企业参与职业教育的积极性。

第三，政府主导与支持力度不够。现有的校企合作大多是短期的、不规范的、靠感情和人脉关系维系的低层次合作。虽然校企合作越来越受到各级政府的关注和重视，许多的合作成果也得到了政府的认可、肯定和奖励，但校企合作依然缺乏体制、机制的保障，政府的主导作用尚不明显。

第四章　汽车运用与维修专业课程体系的构建

为培养与经济社会发展相适应的汽车运用与维修专业技术技能型人才，职业学校应打破传统职业教育的模式，脱离普通教育模式的影响，实行基于产教融合教育理念的人才培养新模式，充分利用行业企业与学校合作育人的优势，弥补单主体育人的缺陷。本章以产教融合教育理念为基础，为解决中职汽车运用与维修专业人才需求与人才培养矛盾突出的问题，进行中职汽车运用与维修专业课程体系构建。课程体系的构建参照《中等职业学校汽车运用与维修专业教学标准（试行）》，突出体现产教融合人才培养理念。课程体系的构建明确了人才培养目标，确立了课程体系目标系统，合理地构建了课程体系的结构，提出了课程体系实施的可操作方案，并系统地规划了课程评价体系。新构建的中职汽车运用与维修专业课程体系关注学生需求和市场需求，注重综合素质与职业能力协同发展，取代"重知识，轻技能"的普通教育模式和"重技能运用，轻理论基础"的传统职业教育模式在当今中职汽车运用与维修专业人才培养过程中的不合理应用。

第一节　课程体系的目标

一、目标确立的依据

教育学家泰勒提出课程目标主要来源于"对学习者本身的研究""对校外当代生活的研究"和"学科专家对目标的建议"，在这一思想指导下确立课程体系目标时应该关注"行业企业需求""个人发展需求"和"专业发展需求"三个方面[①]。

（一）行业企业需求

中等职业技术教育具有为社会、行业和企业"培养高素质劳动者和技术技能型人才"的总体性质，强调了中职汽车运用与维修专业课程体系的目标应反映行

---

① 拉尔夫·泰勒.课程与教学的基本原理[M].施良方,译.北京：人民教育出版社,1994: 1-25.

业和企业的需求，以培养合格的、优质的汽车行业和企业技术技能型人才为目标，目标内容应切实符合行业和企业对人才的评判标准。

（二）个人发展需求

在课程体系目标的确立过程中，我们必须充分考虑学生个人发展的需求，确保课程体系目标的教育性和"以学习者为中心"的教育观念。基于个人发展需求的角度，应考虑学生的学习兴趣与爱好，对于专业方向的选择，还应考虑学生目前能力缺失的情况，同时要明确学生当前的发展状态和未来发展趋势，综合分析这三个方面才能对课程体系目标进行合理的设计[1]。

（三）专业发展需求

良好的专业发展状态是优质人才培养的基础，课程体系目标的确立应从促进专业发展的角度出发，注重反映专业发展的内在需求，确保专业健康、长远的发展。因此，在确立课程体系目标时，我们要充分考虑专业的基本概念、逻辑结构和发展趋势等专业性内容。

二、目标确立的原则

要形成一个比较合理的课程体系目标结构，在目标确立过程中我们应遵循以下原则。

（一）系统性原则

中职汽车运用与维修专业课程体系的实施贯穿专业技术技能型人才培养的整个过程，在确立课程体系目标时，我们应从系统的角度出发，把握好课程体系不同层次的目标设计。首先，系统性原则要求在确立课程体系目标时，也应体现目标体系中每一结构之间的衔接性。中职汽车运用与维修专业课程体系中每一项能力的培养、每一个课程模块的实施和每一项课程评价之间都应该具有内在联系。其次，中职汽车运用与维修专业课程体系从纵向上把握，应形成从抽象到具体的目标分级。最后，课程体系每一级目标从横向上应把握各级目标的内容，逐一进行细化。依据系统性原则确立的课程体系目标，结构更加具有合理性。

（二）专业性原则

中等职业技术教育的本质是一种具有职业性的类别教育，区别于普通教育，技术技能类人才培养是中等职业技术教育的核心内容。中职汽车运用与维修专业课程体系旨在培养中职汽车技术技能型人才，其能力要求与课程设置等方面既具

---

[1]　施良方．课程理论——课程的基础、原理与问题 [M]．北京：教育科学出版社，1996：74-76.

有中等职业技术教育的特性，又具有该门专业的独特之处。因此，在确立课程体系目标时我们应该综合考虑本专业的人才培养特点和要求。

（三）均衡性原则

目前，学校普遍把学生的"技能应用能力"作为评判中等职业技术教育人才培养质量的唯一标尺，往往比较重视技能的训练，而相对忽视基础理论和职业素养等方面的培养。调查发现，理论基础与技术技能的灵活运用是密切相关的，如在比赛中"对车轮转向的结构和前束角的调整方法理解不透彻，以致对需调整的拉杆选择错误"，出现这种情况正是由于培养目标失衡，忽视学生某些能力的培养。从学生长远发展的角度出发，学校应立足于全面均衡性原则进行课程体系目标的确立。

三、课程体系目标的确立

基于学者罗尧成提出的课程体系目标相关的观点，课程体系目标系统以课程体系总目标为总纲，包括课程体系总目标、课程体系结构目标和课程目标三项目标内容[1]。三项目标呈等级排列，其中课程体系总目标为其他两类目标的基础，目标的内容由课程体系总目标、课程体系结构目标、课程目标三项目标逐渐趋于具体[2]，结构如图4-1所示。课程体系总目标是关于本专业人才培养课程体系的总体标准和要求，说明所构建的课程体系"培养什么样的人"这一问题，与专业人才培养目标相似；课程体系结构目标用于说明为实现总目标应培养学生哪些方面的能力；课程目标是教育目的和教育宗旨在课程领域的具体化，也是课程开发、教学设计和课程实施的基本依据[3]。

① 罗尧成. 我国研究生教育课程体系研究 [D].上海：华东师范大学，2005.

② 王淑英. 学校体育课程体系研究 [D].石家庄：河北师范大学，2012.

③ 张华.论课程目标的确定 [J].外国教育资料，2000(1)：13-19.

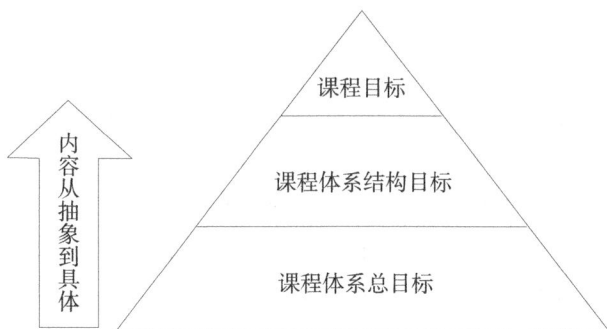

图 4-1 课程体系目标

（一）总目标

中职汽车运用与维修专业课程体系面向社会培养的专业方向与岗位方向，如图 4-2 所示。

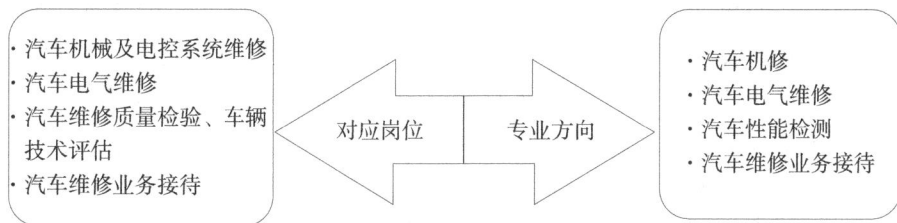

图 4-2 职业岗位与专业方向对照图

专业课程体系旨在立德树人，主要设置汽车机修、汽车电气维修、汽车性能检测和汽车维修业务接待等专业方向，面向汽车运用与维修等行业企业的汽车机械及电控系统维修、汽车电气维修、汽车维修质量检验、车辆技术评估和汽车维修业务接待岗位，主要培养从事客货汽车使用、维护、修理、检测、维修接待等工作，德智体美全面发展的高素质劳动者和技术技能型人才。

（二）结构目标

中职汽车运用与维修专业课程体系的结构目标分别从职业素养、专业知识与技能以及岗位工作能力进行定义。

职业教育将学生应具备的素养分为基本素养和职业素养。基本素养教育包括思想道德修养、文化素养、身心素质等方面的教育与培养，具有普适性，是中职学生"成人"的基础；职业素养是职业教育特有的教育内容，其包括职业道德、职业精神、职业行为等，是从事专业工作或完成特定职责的职业过程所需要的行为规范和价值观念，具有鲜明的职业性，是中职学生"成才"的基础[①]。职业素养是个人职业能力发挥和职业生涯持续发展的基石，也是中职汽车运用与维修专业人才能力培养的重要内容[②]。无论是当今时代发展对"工匠精神"的呼唤，还是行业企业发展所需，都对中等职业教育中的职业素养教育提出了要求。加强学生职业素养的培养，一是为实现学生的全面发展，使学生的职业生涯具备长远发展的潜力；二是由于企业越来越关注与重视员工职业素养的养成，甚至将其作为职业晋升的首要考虑因素。因此，中职汽车运用与维修专业人才能力培养应充分重视对职业素养的培养，这也是当前中等职业技术教育总体建设中应该重视和调整的方面。

专业知识与技能是从业人员胜任本职业和完成工作生产所必须掌握的专业理论知识和技术技能的操作与运用能力。专业技能的培养一直是中等职业教育的核心内容，相较之下专业理论知识的教育越来越不受重视。在科技迅速发展的时代，设备技术的更新换代加快，工作生产所需的知识与技术技能要求也随之改变。从业人员仅依靠熟练运用已然不能完全适应岗位的变迁，还需要掌握扎实的理论基础，这样才能在面对新问题时产生新思路和新方法，科学有效地解决问题。具备扎实的专业基础知识是学生开展专业学习的重要前提，只有在坚实的专业理论基础知识的基础之上才能进行科学的创新与创造。因此，中职汽车运用与维修专业应打破"轻理论，重技能"的教育格局，重视理论基础对学生技术技能发展的指导性作用，使专业理论基础知识教育在能力培养与教育中占有重要位置。

岗位工作能力是职业素养、专业知识与技能在实际工作过程中的综合运用和发展，是衡量员工是否具备上岗工作的能力，能否担负岗位职责和完成工作任务的重要标准。改变上岗后再培养岗位工作能力的培养方式，把中职汽车运用与维修专业学生的岗位工作能力的培养纳入学校教育的内容中，有利于对学生能力的培养进行统筹规划，能够充分利用学生知识和能力发展的最佳阶段，保证学生能力养成过程的系统性和循序渐进；同时在学习过程中"活学活用"和"现学现

① 杨雪冬，吴志鹏，王辉.论高职学生以职业素质为核心的综合素质培养[J].教育与职业，2014(27): 187-188.

② 蒋乃平.职业素养训练是职业院校素质教育的重要特点[J].中国职业技术教育，2012(1): 78-83.

用"，能够极大程度地提升能力养成的效果；对于企业来说，学生岗位工作能力的预先培养与形成可以实现从毕业到入职期间岗位能力的"零过渡"，符合企业的期望，增强了人才对行业企业的吸引力。

（三）课程目标

我国课程改革从基础教育开始，改革中提出课程标准应体现学生的知识与技能、过程与方法、情感态度与价值观等方面的基本要求。"知识与技能、过程与方法、情感态度与价值观"等方面的改革发展才形成现今课程的"三维目标"[①]。而职业教育具有独特的教育教学规律，对于基础教育提出的"三维目标"需要吸收后内化为符合职业教育发展的课程目标。

中等职业教育课程目标的制定既要适应企业的发展需要，也要着眼于学生的共性发展与个性发展，还要体现职业教育的特征。课程目标中的"知识与技能"是根据社会和企业对人才的知识与技术技能的具体要求和学生的发展而确定的，是为了满足社会、企业以及个体发展需求。中等职业教育提倡"做中学，学中做""工学结合""以行动为导向"等教学理念，充分体现了教与学是伴随着一系列过程与行动的，即学生通过"身体力行"学会技术技能、使用技术技能继而掌握技术技能[②]。因此，将"过程与方法"纳入中职课程标准的内容中是完全合理可行的。学生的职业素养和职业道德的培育一直以来都是职业教育的重点，近年来，"弘扬劳模精神和工匠精神"成为职业教育的热点，那么"情感态度与价值观"必然是中职课程目标中不可或缺的要素。

第二节　课程体系的结构

一、结构构建的思路

课程体系的结构是课程体系的框架和骨骼，是人才培养过程的体现。

第一，整体设计应循序渐进，层次分明。课程体系结构的构建基于对人才需求与当前人才培养现状的充分考虑，再确定专业培养目标，并进行职业能力分析，继而对职业能力进行总结与划分，其中岗位工作能力的提出是创新所在；根

---

① 乔为.职业教育课程目标：二维结构框架 [J].职业技术教育，2016，37(22)：25-31.

② 贾剑方.职业教育的课程目标、课程标准与督导 [J].中国职业技术教育，2017(5)：15-21.

据需要培养的能力设立相应的课程模块，再根据课程模块选择课程群；之后根据课程群的内容确定课程的实施形式，最后完成课程评价，以衡量是否实现设定的课程体系目标。整体的设计体现了循序渐进和层次分明的特点。

第二，结构内容充分体现产教融合特色，实现多方面融合。产教融合教育理念贯穿于整个课程体系结构中，行业企业应在课程体系中培养目标的确立、能力要求、课程模块设置、具体课程的选取、课程实施形式以及课程评价每一环节都发挥重要作用。

第三，围绕培养学生全面发展内容进行结构设置。在全面分析学生发展整个过程中应具备的重要能力基础，中职汽车运用与维修专业人才培养课程体系既重视专业知识与技能的培养，也重视职业素养和岗位工作能力的培养。

第四，结构设置保证学生职业能力能够得到均衡发展。课程体系结构的构建在充分考虑学生的职业素养、专业知识与技能以及岗位工作能力均衡发展的基础上，还应考虑基础理论与技术技能的均衡发展，体现基础理论课程设置的必要性。

二、结构构建的原则

（一）发展性原则

为满足学生未来的长远发展需求，课程体系结构的构建需基于发展性原则。考虑到学生所处的时代是科技瞬息万变的新时代，教育教学内容也处于动态变化中，因此作为课程的载体，课程体系结构的构建应具有发展性，能够包容、适应课程的变化乃至能够根据课程的变化而进行动态调整。

（二）适切性原则

课程体系结构的构建需要考虑课程体系结构的适切性，即课程体系结构应适合课程体系总体设计。这就要求在构建课程体系结构时考虑专业发展状态、培养主体情况以及学情等方面的因素，着眼于现实情况，针对应解决的实际问题，为实现课程体系目标进行构建，不能为追求实现更高要求而构建与现实情况相违背的理想化、不易实施的结构。

（三）系统性原则

中职汽车运用与维修专业课程体系目标系统具有层次分明和循序渐进的特点，因此与之配套的课程体系结构也应进行系统的统筹规划，实现其结构内容的内在逻辑关联。系统性要求在进行课程体系结构的构建时，注重学生知识与能力结构的完整性、连续性，无论在纵向结构还是横向结构上，各结构内容之间都应具有明确的关联。

三、课程体系结构的构建

我们从多角度、全方面，以产教深度融合为教育理念，构建中职汽车运用与维修专业技术技能型人才培养的课程体系，其结构如图4-3所示。

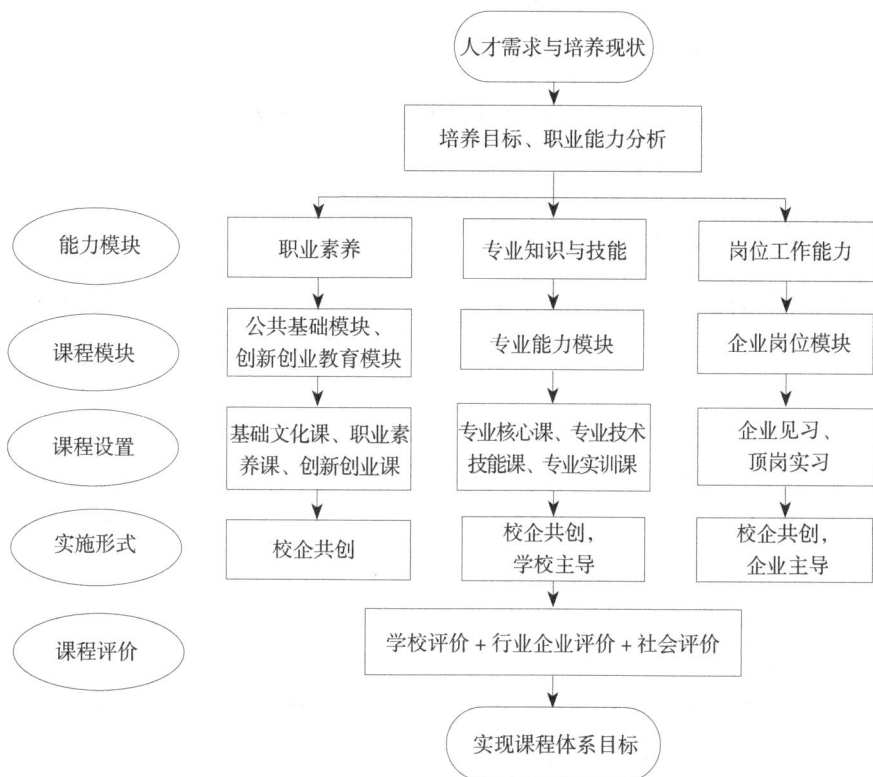

图4-3 课程体系结构图

课程体系结构的设置基于人才需求与培养现状调研，根据具体工作岗位要求，参照中职汽车运用与维修专业人才培养试行方案，进而确定人才培养目标和职业能力要求。根据培养目标和职业能力要求，把能力培养分为三大模块，包含职业素养、专业知识与技能和岗位工作能力，课程体系的构建从培养这三项能力出发。三项能力的培养由对应的课程体系模块承担，将总体课程分为四大模块：

公共基础模块、创新创业教育模块、专业能力模块、企业岗位模块。公共基础模块和创新创业教育模块致力中职生职业素养的培养，专业能力模块致力专业知识与技能的培养，企业岗位模块致力岗位工作能力的培养。公共基础模块和创新创业教育模块包括基础文化课、职业素养课和创新创业课等课程内容；专业能力模块包括专业核心课、专业技术技能课和专业实训课等课程内容；企业岗位模块包括企业见习和顶岗实习等课程内容。校企共同参与相关课程的开发、组织与教学，课程教学评价由学校、企业和社会评价共同实现。

第三节　课程体系的实施

一、课程模块设置

课程体系结构主要分为公共基础模块、创新创业教育模块、专业能力模块和企业岗位模块。

（一）公共基础模块

公共基础模块包括基础科学文化课、人文课等课程内容，旨在培育中职学生的核心能力，提高科学文化素养，服务于专业课程学习以及奠定终身发展和职业发展的基础。在传授科学文化知识，提高学生文化素养之外，公共基础课程也应培养学生正确的政治理念和道德观念，帮助学生树立正确的人生观与价值观[①]。"工匠精神"已经成为我国当前时代背景下的职业精神追求，为培养我国汽车运用与维修行业需求的"工匠型"人才，"工匠精神"教育应渗透到人才培养的整个过程中。因此，公共基础模块开设的经济政治与社会、哲学与人生课程中融入了"工匠精神"的相关教学内容。

（二）创新创业教育模块

在"大众创业，万众创新"的时代浪潮中，中等职业教育中创新创业教育的理论与实践研究还显得十分薄弱。积极推广和实施中等职业教育中的创新创业教育，其意义在于随着科学技术发展与时代变迁，社会经济发展需要的不再是仅能够从事低端重复性机械劳动的工人，而是具备创新创业精神与能力的技术技能型

---

① 黄实.中职公共基础课课堂教学中如何培育学生核心素养[J].课程教育研究，2018(10)：243，245.

人才，以适应新的就业岗位，解决由技术发展带来的失业问题，推动经济效益和社会生产力的快速发展，同时创新创业精神和能力也是个人自我实现的需求①。因此，在该课程体系的改革中需要将创新创业教育作为现代化技术技能型人才素养培养的一项内容，纳入职业素养培养的模块中，并把职业生涯规划、职业道德与法律归类于创新创业教育模块的必修课程，同时这两门课程要融入"工匠精神"的教学内容。另外，学校需要开设创新创业公开课，把科技文化创新活动和主题社会实践作为创新创业教育的选修课程。

（三）专业能力模块

专业能力模块包括专业核心课、专业技术技能课、专业实训课等课程内容。基于产教融合教育理念和企业对员工文化认同感的需求，课程需要融入产业与企业文化内容。企业文化是企业立基之本，是企业的生命之源，也是企业管理的精神所在。学生在正式入职前先感受企业文化的魅力所在，了解企业精神和价值观，加深对企业的了解程度，激发工作积极性，可以更快地融入新的工作环境。校企可以以汽车文化课程作为企业文化课程内容的载体，并选取专业（技能）方向课中的部分课程，以实际岗位需求分析为基础，由校企共同开发课程、研发教材，共同实施教学。

（四）企业岗位模块

企业岗位模块课程的开设是将"学生"的角色转变为真正的"技术技能人才"的关键之举，包括企业见习和顶岗实习两部分内容。见习期间学校安排学生进入企业进行参观学习，对各个岗位的生产流程和设备工作原理进行基本的了解，感受企业文化和企业生活，以提高专业学习兴趣。顶岗实习则是在企业技术人员和实训教师的指导下，学生熟悉相应岗位的实际操作标准与要求，在实际的工作环境下自己动手完成一线岗位的工作任务，实现与工作岗位"零距离"的对接，大大提升职业岗位技术技能和实际工作能力，为培养"毕业即能就业"的技术技能型人才奠定坚实的基础。

二、课程实施建议

课程内容的编订和课程教学实施需要校企共同创造与参与，因此公共基础模块和创新创业教育模块中如"工匠精神"的教学内容，可以借鉴企业的经典名人或事迹进行讲解，这样才更具说服力且贴近学生的学习与工作。专业能力模块包

---

① 程江平，庄曼丽.中职创新创业教育应回归育人本质[J].中国职业技术教育，2017(9)：87-92.

括大量的基础理论课程与专业理论课程，主要由学校负责实施，实践操作也主要在学校配备齐全的实训室完成，但部分教学内容和教学活动的开展可由企业参与完成。企业岗位模块的教学活动开展场所主要分布在实际的生产车间，以便按照汽车机修、汽车电气维修、汽车性能检测、汽车维修业务接待等的实际工作流程展开教学，因此该模块的课程实施由企业主导，如表4-1所示。

表4-1 课程实施建议

课程模块	实施建议
公共基础模块	由学校主导进行教学，经济政治与社会、哲学与人生等课程要求包含"工匠精神"教育内容
创新创业教育模块	职业生涯规划、职业道德与法律等课程要求包含"工匠精神"教育、创新创业教育等内容；选修课分为创新公开课、科技文化创新活动和创造发明、专利申请三种课程，分散进行。创新创业公开课建议以讲座形式开展，可通过提交作品进行考核；科技文化创新活动包括参与各类竞赛等，提交成果进行考核；鼓励学生进行创造发明、专利申请，以提交成果证明的形式进行考核
专业能力模块	汽车文化课程包含企业文化课，建议由合作企业提供教学内容与教师；选取专业核心课程，由校企共同开发课程、研发教材，共同实施教学
企业岗位模块	第一、二学年每学期安排两周时间进行企业见习，第三学年第二学期全阶段进入企业顶岗实习

第四节 课程的评价

一、课程评价的意义

课程评价是衡量课程体系的构建是否具有现实意义、实施效果是否良好的关键程序，课程评价是课程体系构建中不可或缺的一个部分。

第一，课程评价是课程体系构建与实施是否成功的"风向标"。我们通过课程评价反馈的内容，可从中分析出课程体系构建与实施的实际情况，便于及时地调整课程体系中不合理的地方，指导课程体系构建的深入开展[①]。

第二，课程评价是提高课程质量的必然要求。通过课程评价，我们可以发现课程设计、开发和实施过程中存在的问题，达到以课程评价促进课程建设和改革的目的，促进"教"与"学"过程的合理设计与实施。

第三，课程评价是提升教学质量的重要契机。在大力推广先进教学方法的背景下，教师乐于尝试应用新的教学方法进行授课，但难以把握新教学法的教学设计、实施和效果。通过课程评价，教师能够总结自我和借鉴他人优秀成果来改善教学，以提高教学质量[②]。

二、课程评价的原则及内容

课程评价体现评价主体多元化、评价过程动态化、评价方式多样化、评价内容综合化、评价指标系统化的原则。学校邀请企业专家共同制定考核内容和考核标准，建立一个多方参与、全过程动态把控、全方位评价的多维评价体系，多方共同对学生的综合职业能力进行考核与评价。课程评价原则如图4-4所示。

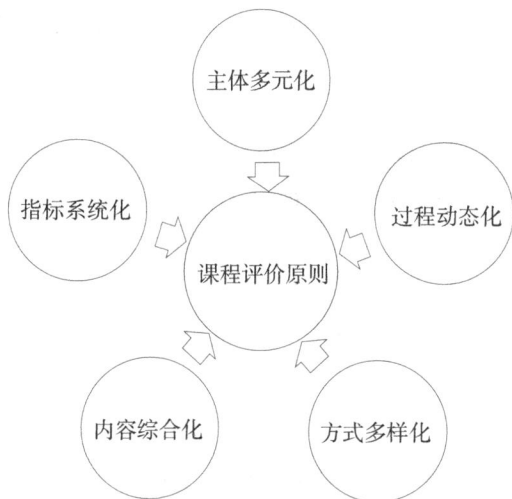

图4-4　课程评价原则

---

① 刘红，刘迎春.对高职院校网络课程评价指标体系的思考[J].教育探索，2010(8)：47-49.
② 山笑珂.我国慕课课程评价体系建设思路初探[J].中国成人教育，2016(18)：105-107.

（一）主体多元化

将学校教师、企业专家、用人单位、社会系统、在校学生、毕业生等作为评价主体纳入课程评价体系中，综合采纳各方意见进行系统的评价。重视学生毕业后的相关评价主体的反馈意见，根据反馈结果对课程体系进行优化调整，进一步完善和改进课程体系构建方案，提升人才培养质量。

（二）过程动态化

有机地把终结性评价与形成性评价结合起来，对基础课程中的理论知识掌握程度的考查，采用开放性考题进行定量评价；对于技术技能的掌握程度，根据学生在真实的工作环境下的具体表现进行定性评价。根据课程的设置与安排，对学生的知识和技能的掌握程度进行阶段性与总结性相结合的考核评价。建立起课前、课中与课后，校内与校外，线上与线下，毕业前与毕业后等覆盖整个人才培养过程的动态评价体系，将评价重心放置在教育与学习的过程中，使课程评价体系成为教学改革成果的"试金石"，发挥其指导、诊断、反馈和监控课程体系建设的功能。

（三）方式多样化

将传统的教师评价、学生自评、同学互评的评价方式扩展为"企业教师与校内教师评价、学生自评、同学互评、网络大数据智能评价"等多种评价方式。

（四）内容综合化

根据评价主体和评价场景的不同，可分为以下评价内容。

（1）学生在实际的工作岗位和实训过程中体现出的职业素养、工作过程的规范性、任务的完成情况等。

（2）在企业见习与实习期间采用企业的人力资源管理体制进行评价。

（3）结合专业技能考证、竞赛、专利认证等方面，综合评价学生学习的全过程。

（五）指标系统化

传统的评价指标与行业企业的能力要求、社会人才需求标准联系不够紧密，而且缺乏对技术技能型人才的评价内容，已经不再适用于现今产教融合指导下的技术技能人才培养课程体系。学生个体发展阶段存在着差异性，因此评价指标要考虑学生个体发展的差异性，而传统的评价体系只针对全体学生使用统一的评价指标，这就导致评价结果失去其可靠性和准确性。因此，产教融合模式下的课程体系建设需要有与之相对应的一套系统化的评价体系。

中篇
模式实践篇

第五章　课程体系在汽车运用与维修课程中的实践

本章在第四章的基础上，进一步将课程体系的构建细化到核心课程的开发与教学设计上，以课程为依托体现产教融合的教育理念，说明中职汽车运用与维修专业课程体系构建在具体课程与教学方面的实现途径。本章以汽车发动机机械维修这门核心课程为例，明确了课程体系目标中的第三级目标，即本门课程的课程目标。课程采用基于工作过程系统化的行动导向教学模式，选取典型的工作任务进行设计和编排，进行课程内容的开发，形成本门课程的学习内容；结合项目教学法和任务驱动教学法进行教学设计，教学过程深度还原实际工作过程，新课程体系中的课程评价的核心观点得以充分体现。

第一节　确立课程目标

汽车发动机机械维修是汽车运用与维修专业的核心课程，是后续专业课程学习的支撑课程，且该门课程的内容实践性突出，与实际岗位工作内容一致，选择该课程进行研究具有代表性。本门课程要求学生掌握汽车发动机主要机械系统的结构、组成和原理，培养学生检测和排除汽车发动机机械系统简单故障的能力，培育学生的职业素养。结合实际岗位要求，按照"三维目标"对该课程的课程目标进行如下定义。

一、知识与技能

（1）具有正确认知汽车发动机主要机械系统的结构、组成和工作原理的能力。

（2）具有初步分析与判断汽车发动机机械系统故障的能力。

（3）具有制定汽车发动机机械系统的检测与简单故障排除作业计划的能力。

（4）具有按照技术要求进行汽车发动机拆装与检修的能力。

（5）具有对已完成的任务进行记录、存档和评价反馈的能力。

（6）具有独立学习、进行信息分析和处理的能力。

二、过程与方法

（1）能够掌握汽车发动机的检测与故障排除的方法。

（2）能够正确使用发动机机械系统检测与故障排除作业过程中各种不同的技术和工具。

（3）能够按照专业技术要求进行维修项目的作业。

（4）能够理论与实践相结合，灵活运用知识与技能。

（5）能够总结规律和经验，不断获取新知识。

三、情感态度与价值观

（1）具备职业道德和职业素养，具备良好的心理素质和吃苦耐劳精神。

（2）具备较强的岗位安全责任意识、环保意识、质量意识和经济意识。

（3）具备团结合作精神、沟通协作能力，具备一定的创新精神。

第二节　课程开发理念与内容

一、课程开发理念

在产教融合理念指导下构建而成的课程体系突出体现了生产与教学融合这一重要特点，在具体课程项目的实施中，通过基于工作过程系统化的行动导向教学模式来实现生产与教学的融合。基于工作过程系统化的课程开发是以就业岗位为导向，以职业为载体，旨在促进学生职业素养、专业技术技能和方法能力全面发展。它把企业的职业性与学校的教育性结合起来，创造出一种生产与学习互动的职业交互情境。学生是学习的主体，通过完成对应职业岗位下的一系列工作过程从而构建和形成自己的知识体系、专业能力、职业素养以及其他方法与综合能力，使学生既能够适应以后的实际工作岗位，也能触类旁通地将这种能力运用到其他的工作和岗位中。

行动导向教学模式区别于传统的学科体系教学模式，不以单元、课时和知识点搭建学习体系，而是将具体的工作过程细化为每一工作步骤，以工作步骤作为学习体系的单元[①]。这种统一行动过程与学习过程，把"教、学、做""生产与教学"相结合，强调在学习过程中必须手脑并用，注重培养学生职业能力的教学模式就是行动导向教学模式。

二、课程开发内容

根据行动导向教学模式课程开发的原则，先对专业对应的职业工作岗位或岗位群进行调研，分析出工作岗位相应的工作任务，并筛选出典型工作任务；基于"工作性质相同，行动维度一致"的原则，根据典型工作任务的难易程度和职业发展规律把工作任务归纳为行动领域的内容。充分考虑岗位生产中场地、工具、设备、加工或生产对象以及技术等方面与学校教育之间的关联，实现工作领域到学习领域的转化。转化完成后，还需要根据学生的学习思维和发展规律重新设计学习领域的内容，形成主题学习单元或任务后才能应用到教学实践中，也称学习情境的设计[②]。每一个单元的教学内容都可以选择合适的教学方法来开展实施。课程开发流程如图 5-1 所示。

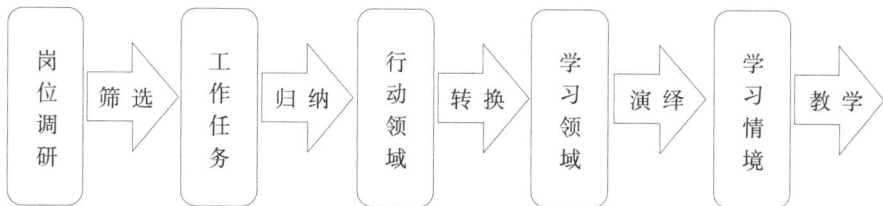

岗位调研　筛选　工作任务　归纳　行动领域　转换　学习领域　演绎　学习情境　教学

图 5-1　课程开发流程

汽车发动机机械维修是汽车运用与维修专业的核心课程之一，根据实际岗位的工作内容，中职学生需要完成以下典型工作任务。

（1）掌握配气机构、曲柄连杆机构、冷却系统和润滑系统等发动机机械系统的工作原理、结构和组成。

（2）能够熟练运用汽车检测工具和设备，对发动机机械系统及其零部件的技术状态进行检测。

（3）能够排除发动机机械系统的简易故障。

由于工作内容主要是针对配气机构、曲柄连杆机构、冷却系统和润滑系统这

---

① 杨秀茹. 行动导向教学模式在仓储作业课程中的实践 [J]. 中国市场，2014(31)：164-167.
② 姜大源. 工作过程系统化课程的结构逻辑 [J]. 教育与职业，2017(13)：5-12.

四大发动机机械系统的维修、简单故障检测和排除，且工作场地一致，工作过程和工作性质相近，因此可以将典型工作任务归纳成行动领域的检修配气机构、检修曲柄连杆机构、检修冷却系统、检修润滑系统和发动机故障码的读取与清除等工作项目。在教学实施场地规范、设备设施齐全、教学内容符合标准等条件下，可将行动领域内容转换为学习领域的五个学习模块，即检修配气机构、检修曲柄连杆机构、检修冷却系统、检修润滑系统和发动机故障码的读取与清除。根据汽车运用与维修工作过程、工作内容的难易程度以及学生学习与认知的递进关系，把五个知识模块分解成更加具体的学习情境。

课程开发的具体内容，如表 5-1 所示。

表 5-1　课程开发内容

典型工作任务	行动领域	学习领域	学习情境
1.掌握配气机构、曲柄连杆机构、冷却系统和润滑系统等发动机机械系统的工作原理、结构和组成 2.能够熟练运用汽车检测工具和设备，对发动机机械系统及其零部件的技术状态进行检测	检修曲柄连杆机构	检修曲柄连杆机构	认识曲柄连杆机构
			拆检机体组件
			拆检活塞连杆组件
			拆检曲轴飞轮组件
			曲柄连杆机构常见故障诊断与排除
	检修配气机构	检修配气机构	认识配气机构结构
			气门组结构与检修
			气门传动组结构认识与检修、配气机构的装配及调整
	检修润滑系统	检修润滑系统	认识润滑系统
			拆检润滑系统

续　表

典型工作任务	行动领域	学习领域	学习情境
3. 能够排除发动机机械系统的简易故障	检修冷却系统	检修冷却系统	认识冷却系统
			拆检冷却系统主要零部件
	发动机故障码的读取与清除	发动机故障码的读取与清除	发动机故障码的读取方法
			常用检测仪的使用

　　基于工作过程系统化的行动导向教学模式所开发的课程，其课程内容紧密联系职业岗位，能够体现职业活动连续性和工作过程完整性，突出中职学生作为学习的行动主体地位，有利于职业素养、专业能力、方法能力的培养和职业综合能力的形成。

第三节　教学设计与实践

　　基于工作过程系统化的行动导向教学模式，我们选取汽车运用与维修典型工作任务编订为教学内容，配合采用项目教学法和任务驱动法进行课程设计。

　　行动导向教学模式的实施具有较固定的流程，一般按照"资讯、决策、计划、实施、检验、评估"来开展，其教学流程与汽车发动机机械维修工作流程能够形成对应关系，对应于实际汽车维修工作中"维修接待、收集信息、制定维修方案、实施维修作业、维修质量检验、业务考核"的过程。在进行汽车发动机机械维修课程的教学设计时，将这一行动过程适当调整为"维修接待、收集信息、制定维修方案、实施维修作业、检验评估"，以适应教学活动的开展[①]。工作过程流程与教学过程流程对照，如图5-2所示。下面以"检修曲柄连杆机构——认识曲柄连杆机构"任务为例进行行动导向教学模式的设计。

---

① 刘炽平，符强. 汽车发动机机械系统检修一体化项目教程 [M]. 上海：上海交通大学出版社，2012：178-181.

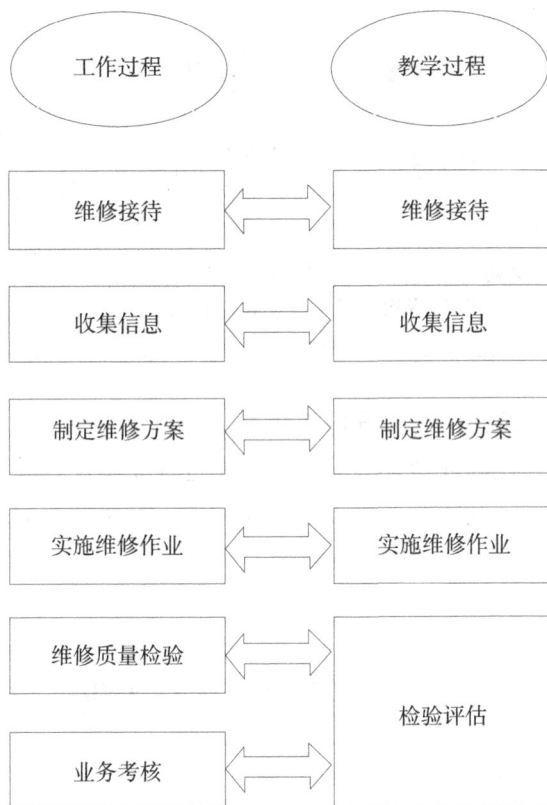

图 5-2　工作过程与教学过程对照图

一、维修接待

（一）接待前准备

全班分好实训小组，推选组长，课前由组长领取任务书，并带领组员提前预习本节课将要学习的内容，准备好相关资料。学生提前到达工作场地，按照企业"5S"管理理念准备好工位。

（二）项目任务

教师布置任务："一辆丰田卡罗拉 GL 型轿车在行车过程中有冒黑烟、加速无力和发动机异响等现象，经检测后主管安排你对发动机进行大修，大修前需要查阅相关资料以熟悉发动机的工作原理。"本次任务的目标：①掌握曲柄连杆机构的组成；②认知曲柄连杆机构零件；③了解曲柄连杆机构的作用、工作环境和工作原理；④能够进行曲柄连杆机构的分解作业。

学生明确任务及任务目标，对任务若有疑问及时向教师提出。

（三）接车问诊

学生按照接车问诊表完成待修车辆的维修接待任务，并且准确填写接车问诊表。

二、制订分解计划

（一）操作示范

教师演示曲柄连杆机构分解的基本步骤，并讲解实操规范；学生认真听教师讲解，仔细观察、记忆拆装步骤，记录要点。

（二）制订计划

根据任务要求，组长带领组员制订工作计划，包括拆装步骤和工作任务的分配。学生积极参与小组讨论，共同安排工作项目，不懂的问题及时向教师咨询。按照表 5-2 制订曲柄连杆机构分解作业计划。

表 5-2　曲柄连杆机构分解作业计划

作业要求	学习汽车发动机曲柄连杆机构分解作业安全事项	
	会正确进行汽车发动机曲柄连杆机构的分解作业	
车辆信息描述	车辆描述	
	车辆发动机类型描述	
曲柄连杆机构分解作业安全事项	1. 注意人身和机件的安全，先确认再动手，特别注意在车底进行作业时的人身安全 2. 未经许可不准扳动机件和乱动电气设备按钮开关 3. 注意防火 4. 认真接受作业前的安全知识教育	

	作业项目	作业内容	检查记录
曲柄连杆机构分解计划	工具设备选用		选用的扭力扳手为： 选用的开口扳手为： 选用的活动扳手为： 选用的套筒扳手为：
	分解步骤		油底壳是否漏油： 密封圈是否损坏： 螺栓状况记录：
疑问与反思			

在工作计划初步制订完成之后，教师抽取小组进行工作计划汇报，进行意见反馈，讲解计划制订过程中存在的共性问题，组织各个小组进行工作计划的修改。被抽取的小组派代表进行工作计划的汇报，其余学生认真听取汇报内容，分析工作计划是否合理，并与自己小组制订的工作计划进行比较，对本组的工作计划进行修改和完善。如果遇到问题，小组讨论无法解决，可向教师咨询。

三、实施分解作业

工作计划经教师审核无误后的小组，可以进入工位，由组长带领按照工作计划规范地进行拆装作业，在作业过程中要接受教师的提问与考核，教师在这一步骤中会进行巡视和指导。小组任务做到分配合理，人人有事做，各尽其责，团队协作；组长带领作业，有利于工作计划的高效执行，锻炼个人的组织协调能力。

四、检验评估

作业的检验评估要按照表5-3中的内容进行，其分为多个评价维度[1]。

---

① 林清，黄桑.汽车发动机拆装与检修[M].成都：四川大学出版社，2014：56-61.

表 5-3 拆装作业检验评估

检验指标	检验说明	检验记录				
维护检查项目	拆装工具设备损坏或缺失情况； 是否存在漏油； 零部件损坏情况	分数	自评	互评	师评	小计
曲柄连杆机构分解作业情况						
评价内容	评价标准					
工作任务完成情况	任务完成情况	3				
	任务完成质量					
	工单填写					
专业知识与技能	掌握曲柄连杆机构的组成；认知曲柄连杆机构零件；了解曲柄连杆机构的作用、工作环境和工作原理	12				
	进行曲柄连杆机构的分解作业；任务方案的设计；工具和设备使用					
职业素养	现场 5S	4				
	团队合作					
	劳动纪律					
	安全生产					

续　表

检验指标	检验说明	检验记录
综合评价与建议		

完成评估后，教师要对整个任务实施情况进行总结，对知识点查漏补缺，加深学习效果。每一次的检验评估都能反映任务实施过程中的问题与优势，教师与学生应认真进行总结与反思。

教学设计从课程的教学目标、教学内容、教学策略、评价机制等环节，都最大限度地保证了教学过程与实际工作过程的一一对应。该教学设计突出了对综合职业能力的培养，体现了现代职业教育理念。教学设计的实施对提高学生学习兴趣、激发学生学习主动性、提升学生职业能力和综合素质有着明显的效果。

第六章　汽车运用与维修专业师资队伍的建设途径

第一节　优化教师结构

一、教师结构及数量

根据《教育部关于"十二五"期间加强中等职业学校教师队伍建设的意见》，依据设备、办学规模等情况确定教师结构及数量。

（一）生师比（顶岗实习阶段学生不计算在内）

汽车运用与维修专业学生人数（不包含顶岗实习阶段学生）共计 1 621 人，教师人数为 74 人，生师比为 21.91∶1。

（二）专业师资结构

专业师资结构如表6-1所示。

表6-1　专业师资结构

教师类型	职称结构		学历结构		技能证书		合　计	
	职　称	数　量	层　次	数　量	层　次	数　量	数　量	比　例
专业带头人	高　级	4	研究生	1	高级技师	4	4	5.4%
	中　级	0	本　科	3				
骨干教师	高　级	3	研究生	2	高级技师	1	6	8.1%
	中　级	2	本　科	4	技　师	4		
	初　级	1	专　科	0	高级工	1		
双师教师	高　级	5	研究生	3	高级技师	1	25	33.8%
	中　级	8	本　科	22	技　师	15		
	初　级	12	专　科	0	高级工	9		
兼职教师	——	——	专　科	4	技　师	7	12	16.2%
	——	——	专　科	8	高级工	5		

1. 专业带头人

高级职称或高级技师以上水平，有 3 年以上企业实践工作经历和 5 年以上技工教育教学经历，在行业具有一定的影响力；具有主持和组织一体化实训室的设计与实施、人才培养方案的制定、专业教材编写、课程标准制定、教学资源库建设的能力。

2. 骨干教师

讲师或技师以上水平，有 1 年以上企业实践经历和 3 年以上技工教育教学经历；富有创新协作精神；能承担理论与实践教学改革工作，设计和实施教、学、做相结合的教学方法；能主持和参与技工教材编写，教学标准制定，课件、案例、实训实习项目、教学指导、习题题库、学习评价等教学资源库的建设。

3. 双师教师

高级工以上水平，有 1 年以上企业一线工作经历，具备较强的实践教学能力；能承担一体化实训项目设计开发、实训指导书编写等工作。

二、对接中职需求，注重培养师范能力

中职教师师资培养最根本的要求就是要符合社会需求，最显著的特征就是实现培养人才与需求的"零距离"。因此，对接中职需求，选择合适的师范与专业类课程内容，设置必要的师范与专业训练环节，注重学生实践技能与师范能力的培养，是实现培养目标、提高培养质量的必然要求。提高学生实践与师范能力的途径有以下几点。

（一）建立多方参与机制，深化课程教材改革

实验班的教育类课程和以往传统的职业技术师范教育存在相同的问题，都是在"老三门"课程的基础上加一些教育类课程，结果脱离中职学校教学的需求，毕业生的师范能力较弱，在工作岗位中面临很大的问题与挑战；在实验班，专业类的课程相比普通班只是盲目加大难度和深度，不但学生学习起来吃力，而且出现在今后的中职教学工作中用不到的问题，因此学校必须根据中职的需求，建立中职学校骨干教师、职业技术师范院校与行业优秀员工等多方参与机制，深化课程教材改革，编订校本教材，选择合适的教学内容，实现职业技术师范院校与中职学校教学内容的有效衔接。同时，校本教材要根据中职学校的教学内容和行业的变化进行及时的调整。此外，学校也要根据毕业生在工作中的经验及在教学中遇到的问题，及时调整课程内容和教学安排，努力实现课程内容效果的最优化。

（二）大量实施一体化课程，促进三性融合

一体化课程是培养职业教育师范生专业知识与专业能力、教育知识与教育能力、职业意识与职业能力的根本途径，是培养"双师型一体化"教师的根本要求。学校通过大量实施一体化课程，安排较多的训练内容，不仅能充分提高学生的动手能力，也能满足没有经过相关专业学习的学生的需求。学校在大量实施一体化课程中，尤其要重视开发专业教学论课程和"劳动过程导向的职业技术学科"课程，前者是教育学课程和专业技术课程的桥梁，让学生知道专业课中教什么、如何教等问题，这对培养职业师范学生的专业教学能力十分重要；后者则是加大职业科学和教育科学相关课程在课程体系中的比例，改变传统职教师资培养中职业教育课程与专业课程简单叠加的形式的必然要求。因此，学校要通过开设类似的一体化课程，促进人才培养的三性融合。

此外，学校要提升学生对一体化课程的认知与理解，一方面促进学生学习一体化课程的积极性，另一方面通过一体化课程的学习，为其在今后的职业教育教学活动中尝试进行一体化课程的设计，开展一体化教学，满足中职学校教学需求等奠定了基础。

（三）重视教育实习质量，提高学生师范能力

教育实习是教育实践活动的重要环节，是提高学生师范能力的重要途径，但目前由于实验班实习时间较短，实习形式单一，实习质量不能得到有效保障，所以毕业生对教育实习的认可度要低于参加各种教育类的比赛。因此，学校要充分利用学生的寒暑假，并在不同学期安排教育实习，实现教育实习与课程相结合，进而提高学生的师范能力。德国慕尼黑大学要求职业教育师范生在一年级和第五学期均要进行教育实习，毕业后仍要进行 2 年的预备实习，并且在实习期间每周还要抽出一天的时间去教师进修学院学习师范类的课程。另外，由于学制的影响，延长教育实习的时间不太现实，但学校仍要重视教育实习对学生师范能力的重要性，要与 5 所及以上的中职学校联合建立稳固的教育实习基地，并建立质量监控机制，保障教育实习的质量。

三、推进学制改革，培养硕士层次的教师

硕士层次中职教师的培养是职教师资专业化发展的必然要求，2000 年教育部和国务院学位委员会发布了《关于开展中等职业学校教师在职攻读硕士学位工作的通知》，自此硕士以上学位的教师数量不断增加，但到 2010 年也只占到了

4%[①]，不能满足中职学校发展的需求。另外，对职业教师的教育实际上是一种"双专业"教育，如果采用和综合大学相同的教学时间是不可能完成两种专业的教学目标的[②]。因此，培养卓越的中职教师更不可能只采用四年学制。

此外，同济大学、天津职业技术师范大学和湖南师范大学也明确提出要培养硕士层次或实施"本硕连读"的中职教师师资培养模式。实行"本硕连读"制度不仅可以吸引优秀生源，也可以进行系统的培养，避免教学资源的浪费。总之，学校应该根据学生的意愿，允许学生在完成本科阶段学习后，选择继续深造，使中职教师培养体系与现行体系自然衔接，并且在条件允许的情况下，积极推进"本科＋硕士"的学制改革，培养硕士层次的卓越中职教师。

四、优化教师队伍结构，建立专兼职教师队伍共同体

建立专兼职教师共同体，积极探索"协同教研""双向互聘""岗位互换"等教师发展新机制，是优化师资队伍结构和提高师资队伍质量的必然要求。笔者认为建立专兼职教师共同体，主要包括以下几方面的内容。

（一）建立"双师、双能"校内专职教师队伍

教师教育的师资队伍除了包含指向师范专业的教育教学类课程教师和指向学科专业的专业课程教师外，还要具有一批既懂教育教学又懂学科专业，既懂理论教学又懂实践教学的"双师、双能"教师。为建立这样的专职教师队伍，学校一方面需要引入国外、校外专家培训，积极推动教师工程实践能力及教学水平的提高，另一方面需要选派专业教师到企业进行半年以上的企业实践，并在校内工程实训中心培训专业教师的实操能力，提高教师技能水平。同时，要建立职业教育教学与自动化、汽车维修工程教育和机械工艺技术专业相结合的教师队伍，进而建设一批具有"双师、双能"特点的专职教师队伍，从而满足学校对卓越教师的需求。

（二）广泛吸收校外兼职教师

鉴于职业院校教师培养的独特性、专业性和跨界性，职业院校教师教育的师资队伍不仅需要涉及高校教师队伍，还需聘请职业学校、职业教育研究机构、企业和教育行政部门的优秀教育工作者、高技能人才到学院担任兼职教师，从事实

---

① 曹晔.职业技术教育研究生学位制度的解构[J].职教论坛，2013(28)：4-7.

② 杨勇，董显辉，赵铭."4+2"中等职业学校专业教师培养模式的构想[J].职教论坛，2015(2)：15-18.

习实训、毕业设计等实践环节指导，将行业最新信息、成果与技术引入课堂教学，并通过"同台授课"等方式，充分发挥兼职教师的示范引领作用，建立专任教师与企业兼职教师定期交流机制，促进教师教育师资队伍共同体持续发展。

另外，在职教教师教育师资队伍共同体建设的过程中，要将职业学校、企业优秀教育工作者、高技能人才和联合高等院校导师组成导师组，其中，企业导师主要负责操作技能的培养，职业学校导师主要负责学生教学能力的培养，职技高师导师主要负责学生的全面管理和能力培养。同时要建立导师之间联系沟通的桥梁，共同制定学生的培养方案和参与学生培养的过程，促进学生师范能力、技术能力和学术能力的养成。

五、优化教师结构方案

一是要注意加强与企业专家、科研院所的合作，积极组织开展调研、交流活动，借鉴兄弟院校的有益经验，认真组织汽车工程专业的教学内容、方案的制定，以及校本课程的开发，提高学院的教学质量和科研水平。

二是要注意积极培养学院青年教师、优秀教师骨干，培养专业学科带头人。要积极组织专业技术培训，积极组织优秀骨干教师参加校内外、国内外经验交流和进修，建立一支高水平的骨干教师队伍。在培训和进修过程中，要求骨干教师不仅要掌握、精通专业知识，掌握专业领域的前沿技术，还要格外注重其科研能力、创新能力的提高，充分发挥在产品和技术研发、新技术应用和推广方面的重要作用。

三是不断提高教师综合素养，推进"双师型"教师队伍建设，加强教师之间工作经验的交流，要求教师不仅要掌握过硬的专业技术和知识，还要广泛涉猎各领域的知识，学习教育学理论知识，掌握科学的教育和学生管理方法，遵循学生的成长规律和教育规律，充分认识技工院校教育的特点，全面提升自己的综合素质和教学水平。

第二节　提升教师专业素质

一、各类教师的素质要求

（一）专业带头人

1.基本条件

具有中职教师资格证，取得中级及以上专业技术职称，大学本科及以上学历，师德师风高尚，热爱教育事业，服从学校工作安排，主动承担专业课程教学工作。

2.行业职业能力

行业实践能力强，具备行业企业调研组织及撰写调研报告的能力。

3.教学科研能力

（1）具备主持校级以上科研课题的能力，具备参与市区级科研课题研究的能力。

（2）具备独立撰写论文，开发课程的能力。

（3）具备主持教育教学改革和撰写改革方案、教学标准的能力。

4.业务指导能力

具备承担各类大赛指导，指导青年教师成长的能力。

（二）骨干教师

1.基本条件

具有中职教师资格证，取得中级及以上专业技术职称，大学本科及以上学历，师德师风高尚，热爱教育事业，服从学校工作安排，主动承担学科教学工作。

2.行业职业能力

行业实践能力强，具备参与行业企业调研及撰写调研报告的能力。

3.教学科研能力

（1）具备主持或参与校级以上科研课题的能力。

（2）具备撰写论文及参与教材编写、课程开发的能力。

（3）具备参与教学改革及相关方案的编写及实验工作的能力。

4. 业务指导能力

具备积极参加指导大赛，指导青年教师成长的能力。

（三）双师型教师

1. 基本条件

具有中职教师资格证，取得中级及以上专业技术职称，大学专科及以上学历，具备高级工以上的技能等级证书，师德师风高尚，热爱教育事业，服从学校工作安排，主动承担学科教学工作。

2. 行业职业能力

行业实践能力强，具备参与行业企业调研及对调研资料进行收集、整理和分析的能力。

3. 教学科研能力

（1）具备承担实训课改的能力，具备实训课题收集、实验及使用的能力。

（2）具备参与校级课题研究或实验的能力。

（3）具备参与撰写论文的能力。

4. 业务指导能力

具备指导技能鉴定的能力。

（四）兼职教师

1. 基本条件

具有中级以上管理职务或高级工以上的技术等级，大学专科及以上学历；在本市汽车行业领域里有一定的知名度（汽车技术行业管理能手或技术精英等），55岁以下的兼职教师需考取普通话等级证。

2. 行业职业能力

行业实践能力强，具备一定的教学管理能力。

3. 业务指导能力

能进行本专业技术咨询服务，具备参与技能大赛的指导和培养教师的技能能力。

二、提升教师专业素质的策略

（一）国家层面

院校的专业建设和教师的专业发展都离不开充足的资金。虽然国家每年对中职院校有一定的财政补贴，但关键时刻学校也会面临资金的缺乏。第一，中职汽车教师有一定的教研任务，汽车教师承担着推动学校汽车专业发展的重任，需要进行相关的实验，需要一定的财力支撑。第二，进修培训学习需要资金支撑，目前多数培训还是以校外培训为主，这就需要充足的资金作为保障，如果学校因为缺乏资金而不能保证教师的培训学习，将直接导致汽车教师错失交流学习的机会，也将阻碍教师专业能力的提升。所以，需要政府提供专项经费的投入，鼓励汽车教师外出学习，将新的知识和先进的理念引入学校，以保证学校的良性发展。第三，汽车运用与维修专业的发展需要大量的实训设备，齐全的实训设备将会保证教学的顺利开展，也能满足学生的技能训练，从而保障汽车教师的专业能力得到很好的提升。

（二）学校层面

1.健全培训制度

教师的成长是一个终身学习和终身发展的过程，不是短时间内就可以完成的，从职前到职后教师要不断地学习，并树立终身学习的理念。通过专业化的培训，教师可以开阔自己的专业视野，也可以学习别人的教学方法，对自己的授课方式起到参考性的作用。在专业建设的初期，中职院校应尽可能地为专业教师提供多形式的学习路径，为教师的学习提供保障，帮助教师提升专业能力。

第一，重视职前培训环节。在正式授课之前，汽车教师需要进行专业化的岗前培训，一方面能够帮助教师从受教育者到教育者的角色转变，另一方面也可以为教师的正式授课做好充分的准备工作。对于新入职的教师，除了进行教师理念与师德、心理学与教育学、教学方法等相关基础知识的培训外，还要根据教师来源的不同有针对性地进行培训，做到因材施教。高校毕业的教师对汽车的理论知识掌握比较好，应增加实践的培训，培养其动手实践的能力；对于企业入职的教师，应增强讲课方面的能力，帮助其在讲台上树立自信，将自己多年的实践经验更好地传授给学生，做到理论与实践相结合，最终发展成双师型教师。在培训的形式上，可以邀请校内优秀的教师围绕院系汽车专业建设情况、未来汽车企业的人才需求及教学技能知识等有序开展专题讲座。培训教师不局限于"一言堂"，可以采取实时互动、相互探讨、相互点评的形式[①]。最后根据汽车的学科特点，教师之间互相讲授点评，在实践中获得成长。在教师职前培训期间，应制定清晰的考核标准并严格执行，职前培训结束后，应根据实际情况给予表现优秀的教师一定的荣誉与奖励等。

第二，完善教师在职培训。职前培训能帮助教师实现角色的转变，了解教学

---

① 谭雄刚．体育院校篮球教师专业能力现状调查及发展研究[D].广州：广州体育学院，2019.

流程，为工作的顺利开展提供保障。但是，从教师的专业发展阶段看，在职培训才是决定汽车教师专业能力的关键因素。随着汽车产业的快速发展和核心技术的融入，市场对人才的需求也在不断地发生变化。这就要求汽车教师要不断地了解前沿知识，基于传统汽车的知识结构体系，对比汽车新结构的体系，总结经验和创新教学方法。依据学校的课程安排，在开学前，学校应对讲授课程的教师集中进行在职培训，巩固汽车结构体系，完善教学内容，熟悉实训设备，做到脑中有理论，手中能实践。另外，在学期中，学校应对教师集中进行汽车的相关理论与最新政策培训，为了不打乱整体的教学计划，这些内容以了解为主。对于不同教师的不同阶段，除了要采取有针对性的培训外，还要让他们进行反复练习，只有这样汽车教师专业能力才会得到更好地提升。

2. 制定合理的考核与激励制度

考核制度在教师管理中发挥着举足轻重的作用，完善的考核制度可以助推中职院校建设高水平的汽车师资团队。具体的考核内容可以围绕汽车教师的素养能力、教学能力、知识能力、实践能力展开，主要以学生评价、同事评价和教务处评价为主。在学生评价过程中，为了保证学生的信息完全，应以匿名为主，可以在学期中制定一次考核，测评教师的上课效果，并将发现的问题及时和教师沟通，督促教师做出改变。在学期末也要进行一次评价，观察教师两次的评价结果，并将结果纳入教师的总体考核中。同时，评价可以根据教学活动的表现及课堂随访的形式进行。完善的考核制度有助于教师提高对自身的约束，侧面提升教师的专业能力。

评教制度的关键是评教结果的真实性。评教的目的是为了帮助教师发现自身的问题，及时调整，不断进步。为了保证学生评教和学生成绩之间不会产生联系，学校可以在学期末将学生的成绩和学生的评教结果汇总后，确定一个固定的时间节点供教师和学生查询，规避学生不敢进行真实评教和看到不满意的分数后引起情绪波动带来的低分评教问题。另外，激励机制对汽车教师的专业能力发展也起着关键性的作用。学校可以采取不同的激励机制，调动汽车教师的工作热情，将他们的压力转化为动力，不断提高教师自身的专业能力。

3. 多渠道引进汽车专业教师

目前，主要的资源集中在企业领域，引入企业的技能人才可以对学生的学习、就业以及教师的发展起到促进作用。学校教师重理论，企业师傅重实践，他们拥有不同的教育背景，有着不同的技术水准，这样可以实现优势互补，更好地培养出适合社会发展需要的技能型人才。因此，将相关企业的汽车人才引入中职院校，一是能够让汽车教师积累更多的动手实践经验，了解实际的操作流程，二是可以改善双师型教师比例，帮助汽车教师更好地接触前沿知识，进而促进汽车教师专业能力的提升。

（三）个人层面

1.完善知识结构

目前，汽车教师的知识能力和实践能力相对匮乏，在教学能力上也有一定的欠缺。首先，对于任教的教师而言，要有优秀的素养能力。其次，教师在钻研知识的同时要补充教育学、心理学、管理学的相关知识，借助多领域的知识来构建知识框架，不同地区要根据学校的实际情况进一步完善相应的知识结构。

2.制定清晰的发展规划

汽车行业的发展瞬息万变，新技术的融入必然产生新人才的需求，这给中职汽车教师在人才培养上提出了更加明确的新要求。掌握传统汽车的知识能够短时间内适应教学，但不能满足汽车行业的未来发展，而且与传统汽车的知识相比，现代汽车运用与维修的知识和技能有较大的跳跃性。

教师要坚定终身学习的理念，拥有必胜的信念，也要制定清晰的发展规划路径，在面对从未接触过的汽车领域知识时，一份清晰、系统和全面的规划是指引教师不断学习的行动指南，具体可以总结为以下三个方面。一是教师要给自己一个清晰的定位，在校的中职汽车教师因教龄、学历等个人因素的不同，受学校所处的地理位置和硬件设施外部条件的影响，对于汽车知识的整体掌握也不尽相同，教师要学会判断自身目前所处的阶段，明确当前阶段的任务目标。二是目前汽车运用与维修已有成型的关键技术并在不断地推广和普及，教师应以自身定位为基础，以掌握关键技术能力为目标，以院校专业建设为宗旨，制定中短期的学习任务。学习任务不宜过多，否则容易适得其反，产生抗拒的心理，但也要面面俱到，逐渐细化，要以半月或整月为一个阶段进行归纳和总结。三是为实现目标而积极探索学习的路径。在市面上有很多相关的学习书籍和院校制作的教学视频，其知识框架大致相同，但侧重点又有较大的不同，教师应根据自身的实际情况有针对性地选择学习资料。在具体实施发展规划的过程中，教师可以根据实际进展情况做出一定的调整。

第三节　改革教师的培养方式

一、培养途径

（1）自我研修：自学教育教学理论、参加学历提升和职业资格证书考试等。

（2）校本培训：学校请专家来校举办讲座；开展丰富多彩的教学研讨活动等。

（3）送出培训：参加国内外培训，如国家行业实践、培训、市、区三级骨干教师培训、双师型教师培训、专项业务能力提升培训等。

（4）提供平台：学校为教师展示个人才华、发展个人能力提供有利条件。

（5）科研提升：创造条件让教师参加课题研究。

（6）承担任务：让教师承担专业建设任务，在完成任务过程中提高自身能力。

（7）行业实践：通过企业意识体验、企业挂职锻炼、国家市级行业实践培训等方式进行。

二、加强"双师型"教师的培养

教师是一种教育人、培养人和塑造人的职业，"其身正，不令而行；其身不正，虽令不从。"教师的示范作用和榜样作用是职业道德教育的根本所在。"师者，传道、授业、解惑也！"教师是社会物质文明和精神文明建设的有力推动者。社会的发展离不开教师的发展，职业教育的发展更是需要"双师型"教师的推动，由于中职学校受地域等各方面影响，要想招入有技术、有理论的双师型教师实属不易，我们要从各方面想办法。2019 年，国家提出了《国家职业教育改革实施方案》，提出要多举措打造"双师型"教师队伍，从 2019 年起，职业院校、应用型本科高校相关专业教师原则上从具有 3 年以上企业工作经历并具有高职以上学历的人员中公开招聘，特殊高技能人才（含具有高级工以上职业资格人员）可适当放宽学历要求。从 2020 年起，基本不再从应届毕业生中招聘，到 2022 年，"双师型"教师（同时具备理论教学和实践教学能力的教师）应占专业课教师总数的一半以上[①]。

---

① 方烨. 德国双元制职业教育模式对我国高等职业教育改革的启示 [J]. 南京广播电视大学学报，2010(4)：7-9.

职业学校应对现有专业课教师的紧缺技能加强培训，在放假期间，对专业课教师进行集中培训，尽量多让其参加省级的培训，从而提高教师的教学能力。学校与企业建立长期合作机制，让中职学校每学期派一名教师到企业实践，更新专业知识与技能，提高实践能力。在薪资方面，学校发放每月基本工资，企业按工作实际情况发放奖金，这样就能让所有专业课教师都有去企业实践的机会。

双师型教师的培养不只是针对专业课教师，笔者认为，对于基础文化课教师也应提出双师型培养方案，只不过这个双师型不是指理论和实践融于一体，而是语数英和汽车维修专业融于一体，加强文化课教师对专业知识的认识，从而将专业课知识与文化课知识相结合。

建立公平的教师评价体系与绝对的工资待遇，提高教师的积极性和工作热情。采用专职教师与兼职教师相结合的方式，从企业中聘请有丰富汽车维修经验的技术人员到职业学校担任兼职教师，协调好企业兼职教师在校教学的时间和在企业工作的时间。在时间安排上尽量不影响企业的生产活动，例如，可以把教学时间调在晚上或者在周末的休息时间，采用灵活的授课方式，尽量保证双方利益。当然这样势必会增加技术人员的工作强度，因此在薪资待遇上需要予以提高，只有这样才能吸引和鼓励企业的技术人员、管理人员来学校参与教学工作，从而形成一支强大的富有实践动手能力的兼职教师队伍，保障"工学结合"人才培养的质量。

三、多渠道提升汽车教师知识能力与实践能力

（一）教学师资团队的建设

众所周知，汽车运用与维修是一个跨学科、多专业交叉的战略产业。这就需要学校根据实际情况组建教学师资团队，团队以汽车专业教师为主，机械、电子、信息教师为辅。每名教师都有着自己的教学任务，学校统一部署，教师之间分工明确，协同作战。在专业建设的初期，所有教师集体备课，明确教学的重难点，然后根据教师之间的优势来划分工作。这就可能会出现同一门课由不同教师授课的新颖模式，但最终目的都是将知识更好地传递给学生。

（二）实践技能的提升方式

2016年5月13日，教育部等七部门印发了《职业学校教师企业实践规定》的通知，提出职业学校教师（含实习指导教师）应根据其专业特点，每5年必须积累不少于6个月到企业或生产服务一线实践，没有企业工作经历的新任教师应

先实践再上岗。公共基础课教师也要定期到企业进行考察、调研和学习。职业学校对教师晋升的考核、职称评定、年终评优等都很少考虑教师课堂教学质量这一影响因素，主要考虑教师发表论文的数量及在核心期刊中发表的论文数量。要想提高教师的实践技能，可以考虑从以下几方面入手。

第一，职业教育的教师要掌握职业领域各职业方向的核心内容，尤其要提高将专业方向的科学内容与相关职业教育内容相结合的能力。

第二，职业教育的教师要能够从人性的角度理解专业技术的适用价值和研究技术，进而能从专业内容中寻找并确定对职业教育具有重要意义的相关教学内容。

第三，职业学校教师应该具有系统的专业理论知识，同时应具有较强的专业实践能力，能够把工作岗位及工作过程转换为学习环境及学习领域，并提高在工作中学习的可能性，教会学生掌握对职业及职业领域中的工作进行特定分析与组织的方法。

第四，职业学校教师必须参与一线生产、研发、技术改造，始终保持与生产一线的紧密联系，了解本专业当前的技术发展现状，掌握当前先进的职业技能，对岗位技能和职责了如指掌，只有这样职业学校教师才能根据当前行业领域发展情况，编写活页讲义和教案，进行教学设计。

第五，职业学校教师除了完成学校的教学、科研、学生管理等任务外，还应抽出一部分时间参与社会活动，积极与农工商界人士进行交流沟通，了解当前社会各行各业的发展情况，并结合社会资源、学校资源、教育政策、自身专业优势等，创新创业，开办培训机构，服务社会与企业，提高自身和学校的知名度，从而扩大职业教育对社会的影响力。

（三）构建交流学习平台

目前，已有部分职业院校开设了智能网联专业，并积累了一定的专业建设经验。中职院校的汽车教师可以通过实地学习交流的形式去探索专业建设、人才培养、能力提升等情况，也可以利用互联网的形式开展远程视频会议，保证交流的有效性；目前短视频直播行业发展迅猛，教师可以利用直播课的形式，将自己的角色转变为学生，从而提升其自身的知识与技能。

（四）举办专业知识或实践能力竞赛

为更好地促进教师对汽车运用与维修专业知识和技能的掌握，中职院校可以根据专业建设情况、师资力量等定期举办竞赛。以汽车系教师参加为主，其他系教师参加为辅。以国家颁布的相关政策为考核标准，采用选择题、判断题、动手实践题多形式进行考核，考核类型不局限于卷面考试，也可以举办比赛。这样的考核可以增加教师的危机感，进而巩固自身技能，提高自身专业能力。

本书构建的装调测试的具体考核内容如图 6-1 所示。该考核任务包括传感器的装调标定、测试和应用，故障检测等项目，帮助教师由浅入深、由点到面地学习并理解汽车技术。

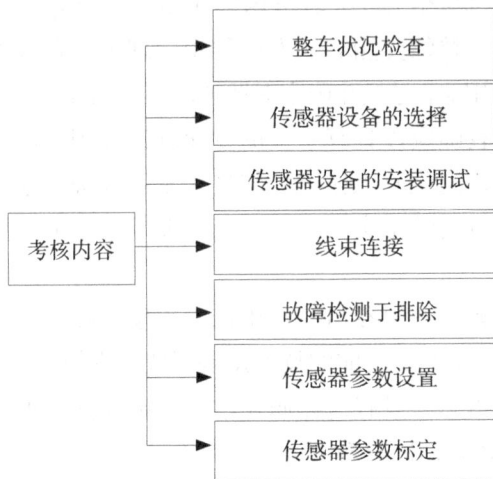

图 6-1　装调测试考核内容

（五）开展研修学习

为顺应汽车运用与维修专业的发展趋势，促进职业教育更好地满足汽车行业的人才需求，汽车运用与维修专业相关的研修班应运而生。研修班一般开展 5～7 天的全天培训，时间短、知识多、效果好。中职汽车教师可以在研修班中学习到相关知识，找到自身薄弱的环节，进行有针对性的提升；而且研修班成员是来自各个学校和企业的优秀人士，在研修期间，教师也可以针对教学方面的问题与其他成员进行沟通与交流，从而提升专业能力，一举两得。

第七章　汽车运用与维修专业人才培养教学改革与创新

第一节　课程体系的改革

汽车运用与维修专业的学生的实践技能培养要想取得预期的良好效果，就需要对传统中职教育的课程体系和教学内容进行改革，这种改革必须建立在校企合作的基础之上，这样才能使中职教育更加符合企业的实际需求。

一、课程性质的进一步规范

以科学发展观为指导，以就业为导向，以能力为本位，以岗位需要和职业标准为依据，满足学生职业生涯发展的需求，适应社会经济发展和科技进步的需要。汽车运用与维修专业课程以教育部颁布的职业课程体系为基础，把汽车专业人才需求和工作任务与职业能力分析的结果作为专业课程设置的依据，其成果就是专业课程体系。汽车运用与维修专业课程体系由公共基础课程、专业基础课程、专业核心课程和岗位能力课等组成。

（一）构建新的课程体系

中职学校汽修专业主要服务的对象是本地区内的企业，所以学校应该牵头组建由专业带头人、骨干教师、企业专家组成的课程开发团队，并且对本地区的经济情况、相关企业的人才需求以及就业岗位的需求等开展调研分析，仔细研究国家汽修职业资格标准，明确本专业定位、人才培养目标与规格、岗位要求及学生的职业发展过程，分析主要就业岗位、典型工作任务及其相关的知识、能力与素质要求，根据学生的认知和职业成长规律，打破传统的学科体系构架，加入职业道德和先进企业文化，融入汽修国家职业资格标准，嵌入合作企业的培训体系，构建"公共平台课程+岗位平台课程"课程体系，专业课程体系开发流程如图7-1所示。

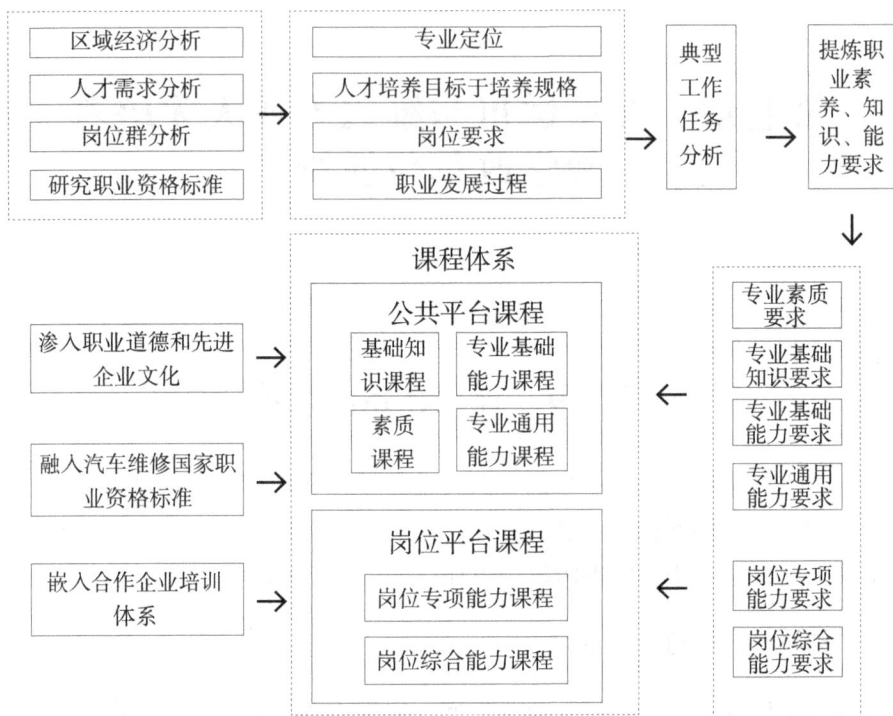

图 7-1 专业课程体系开发流程图

1. 岗位分析

在建立科学有效的专业课程体系开发流程之后，就需要深入汽车维修企业进行调研，通过走访本市众多的汽车维修服务企业，总结出汽车维修职业主要包括汽车维修服务接待岗位、汽车维修岗位（分为汽车机电维修岗位与汽车车身修复岗位）及汽车配件管理岗位，其中，汽车机电维修岗位对就业人员的需求量最大，结合区域经济发展需求以及中职汽车运用与维修专业的实际情况，确定中职汽车运用与维修专业毕业生的主要就业岗位为汽车机电维修岗位，相关就业岗位为汽车维修服务接待岗位、汽车车身修复岗位及汽车配件管理岗位，并确认这些岗位所需要的职业能力。

2. 典型工作任务分析

通过与汽车机电维修岗位技术专家的研讨，由企业专家阐述其职业成长规律及其各职业发展阶段的代表性工作任务，得出中职汽车运用与维修专业毕业生从刚走上机电维修工作岗位到成长为一名维修企业服务经理，需经历维修实习工、维修技工、维修技师/组长、维修车间主管/技术总监、服务经理五个职业发展阶段，经过研讨之后，将各职业发展阶段的代表性工作任务进行归纳，确定了汽车维护等 12 个典型工作任务，如图 7-2 所示。

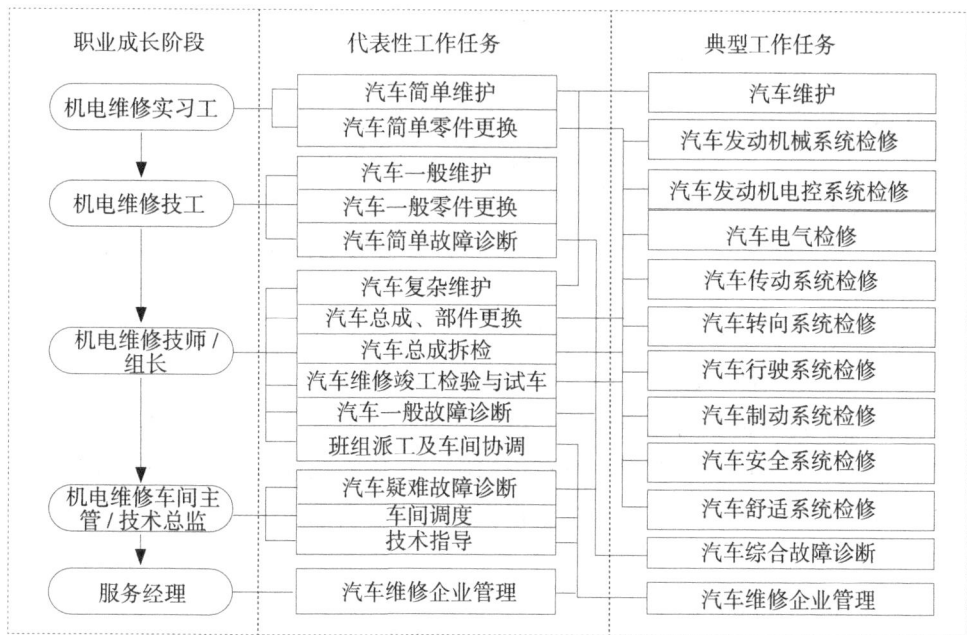

图 7-2　汽车机电维修岗位典型工作任务图

针对汽车机电维修岗位的 12 个典型工作任务，通过企业调研确定其工作过程及方法、对象、工具、劳动组织及工作要求等[①]，完成 12 个典型工作任务分析。

3. 构建课程体系

在学习领域转换的基础上，认真分析课程中的能力要求/企业岗位的专业素质要求、专业基础知识与能力要求、岗位专项能力要求及岗位综合能力要求。综合上述要求并结合国家中职教育体系大纲与学校汽车运用与维修专业本身的实际情况，构建新的专业课程体系。

（1）公共基础和素质课程

设置政治、英语、数学等公共基础课程，使学生掌握公共基础知识，为职业生涯发展奠定重要基础。

---

① 邓卫红. 软件技术专业基于工作过程的课程体系开发初探 [J]. 科技信息，2012(20): 268-269.

设置心理健康、普通话等人文素质培养课程，培养学生的人文素质，为学生的职业素质、可持续发展能力奠定基础。

设置基础实训课程，学生按要求参加军训、公益劳动、创新创业等基础实训课程，强化基础知识和人文素质的培养。

（2）专业基础能力课程

开设汽车文化、汽车电工电子技术等专业基础能力培养课程。加强学生对知识的理解与掌握，为专业通用能力的培养及终身学习的养成奠定重要基础。

（3）专业通用能力（专业核心）课程

设置汽车维护、发动机机械系统检修、发动机电控系统检修、电器系统检修、传动系统检修、安全与舒适系统检修、行驶转向与制动系统检修、综合故障诊断及维修企业管理9门学习领域课程。

（4）岗位专项能力课程

为实现学校与企业的无缝对接，设置针对企业需求的岗位专项能力课程，包括合作企业机电维修专项课程、汽车维修服务接待专项课程、汽车车身修复专项课程及汽车配件管理专项课程。学生根据合作企业要求及个人未来岗位发展需求进行选择学习。

（5）岗位综合能力课程

岗位综合能力课程是为了培养岗位综合能力而开设的实践顶岗课程，按企业岗位不同划分为汽车机电维修岗位顶岗实习、汽车车身修复岗位顶岗实习、汽车维修服务接待岗位顶岗实习及汽车配件管理岗位顶岗实习。学生根据订单岗位及个人的职业发展需要选择学习。在校外实习基地岗位实习阶段，由企业指派技师指导，培养学生的岗位综合能力，提升其职业素质。学校指派教师与学生、企业保持定期沟通联系，通过教师走访座谈以及企业定期反馈的方式，与企业共同开展顶岗实习管理及考核评价。

（二）深入开展教学内容改革

中职汽车运用与维修专业应用性强，所以实施毕业证和职业资格证的"双证"培养制度较为合理。学校要成立由行业企业专家、课程主讲教师及骨干教师组成的课程建设小组，以岗位能力要求为目标，以典型工作任务为载体，选取课程内容，将汽车修理工国家职业资格标准和职业要求嵌入课程内容，使学生在校期间获取岗位能力的同时，取得汽车修理工职业资格证书，进一步提高中职汽修专业毕业生职业素质和就业竞争力。

为保证能够将学生培养成企业所需要的专业化技能型人才，中职学校的课程教学应该采用行动导向的教学模式，即围绕工作项目，在真实的工作任务驱动下，按照工作过程系统化的原则实施教学。因此，在课程单元的教学设计中，应该紧密围绕实际生产中完成工作任务的6个工作步骤（咨询、决策、计划、实施、检查、评估）来分别设计具体教学环节中教师与学生的任务，让学生经历从明确任务、制订计划、做出决策、实施计划、检查控制到评价反馈的整个过程，从而获得工作过程知识（包括理论与实践知识）并掌握操作技能。在实际行动中，学生通过完成学习任务获取专业知识并构建自己的知识体系，同时获取处理信息、整体化思维、系统化思考等方法能力和社会能力。行动导向课程单元教学设计框架如图7-3所示。

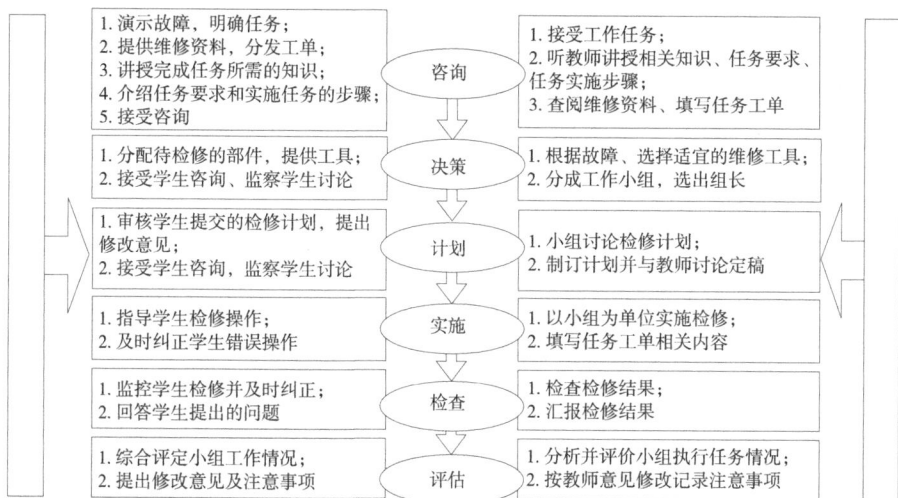

图7-3　行动导向课程单元教学设计框架图

二、课程结构的调整与完善

本着"以就业为导向，以能力为本位"的思想，依据企业调研结果、行业专家对本专业所涵盖的岗位群进行任务描述和职业能力分析，形成了如图7-4所示的课程结构。

C 学校文化课程	立业立人

D 专业选修课程

1. 汽车文化
2. 汽车驾驶
3. 汽车维修标准与规范
4. 环保汽车结构与维修
5. 汽车保险常识
6. 汽车评估
7. 汽车维修企业管理
8. 汽车职场安全

B 专业技能课程

B2 专业方向课程

B2-1 汽车装配

B2-1-1 汽车车身制造工艺学

B2-1-2 汽车装配工艺编制与质量控制

B2-1-3 发动机装配与工艺分析

B2-2 汽车机电维修

B2-2-1 汽车电工电子技术基础

B2-2-2 汽车维修技术（机修方向）

B2-2-3 汽车电控发动机构造与维修

B2-2-4 汽车保养与维护

B2-3 汽车钣金与涂装

B2-3-1 汽车身构与修复技术

B2-3-2 汽车钣金基本工艺与设备

B2-3-3 汽车涂装技术

B1 专业核心课程

B1-1 汽车发动机构造与维修	B1-2 汽车底盘构造与维修	B1-3 汽车电气设备构造与维修	B1-4 机械识图	B1-5 机械基础

A 公共基础课程

A1 语文	A2 数学	A3 英语	A4 德育	A5 体育	A6 音乐	A7 计算机	A8 普通话	A9 心理健康	A10 公共礼仪

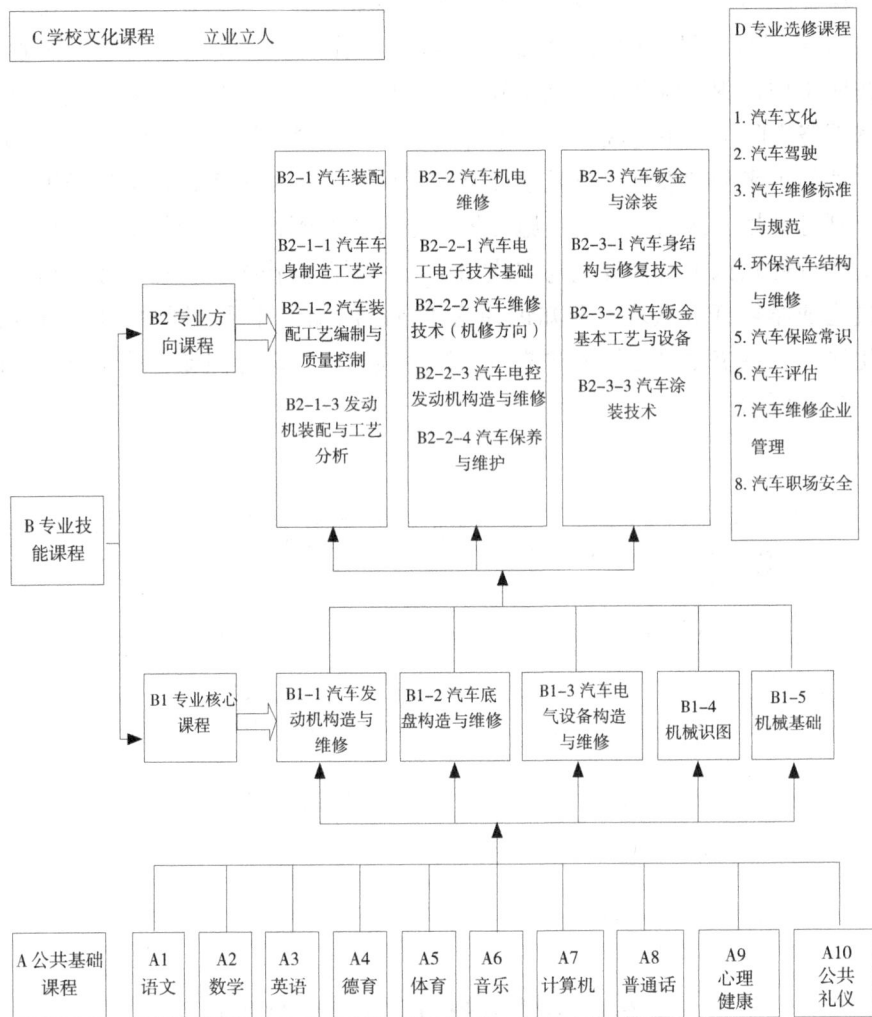

图 7-4 汽车运用与维修专业课程结构

该课程结构将课程体系分为了必修课和选修课，其中必修课又形成了三阶模式：公共基础课程、专业核心课程和专业方向课程。另外，还渗入了学校文化课程，即"立业立人"，这是该校课程结构的一大特色，突显了该校对培养中职学生的创新理念，也体现了职业教育的职业内涵。

第二节　教材开发与建设

根据"基于职业岗位的工作过程导向"的实践主导型课程体系，为提高专业教师的研发能力，要求编写一套"理实一体化"的中职汽车运用与维修专业教材，主要包含《汽车发动机构造与维修》《汽车底盘构造与维修》《汽车电气设备构造与维修》，在开发教材的同时编写了相应的课程标准，下面主要以《汽车发动机构造与维修》为例，其课程标准制定包含以下几点。

一、课程性质

本课程是汽车运用与维修专业的一门专业核心课程，其主要目的在于培养本专业汽车装配、汽车机电维修和汽车钣金与涂装三个专门化方向共同的基本职业能力，达到本专业学生应获得的职业资格证书考证的基本要求，为后续专门化方向课程的学习做好前期准备，同时培养学生的逻辑思维能力和分析问题与解决问题的能力。

二、设计思路

本课程的设计思路是以职业活动为导向，邀请行业专家对汽车运用与维修专业所涵盖的岗位群进行工作任务和职业能力分析，并以此为依据确定本课程的工作任务和课程内容，根据汽车运用与维修专业所涉及的汽车发动机知识内容，分解成若干教学活动，在"理实一体化"教学中加深对专业知识、技能的理解和应用，培养学生的综合职业能力。整个课程内容以拆装为主，维修为辅，维修知识主要是通用维修技术的介绍。

三、课程目标

通过任务驱动型的项目活动，学生掌握汽车发动机的基本知识与拆装的基本技能，并获得发动机零部件维修的通用技能。初步形成一定的学习能力和课程实践能力，并培养学生遵循规范、崇尚精度、善于沟通和合作的品质，以及环保、节能和安全意识，为提高学生各专门化方向的职业能力奠定良好的基础。

职业能力目标：

（1）学会汽车发动机维修常用工量具的使用方法。

（2）知道发动机的工作过程。

（3）能按合理顺序和操作规范拆装汽车发动机。

（4）具有汽车发动机各总成和部件拆装、更换的能力。

（5）具有安全操作和环保意识。

四、课程内容与要求

课程内容与要求如表 7-1 所示。

表 7-1　课程内容与要求

序　号	工作任务	技能与学习水平		知识与学习水平	
		技能点	学习水平	知识点	学习水平
项目一	走进汽车世界	汽车维修常用工量具的使用	①学会汽车维修常用工量具的使用 ②初步养成规范化操作的习惯	汽车维修常用的工具和量具	知道汽车维修常用的工量具及其使用方法
		观察汽车的总体构造	能说出汽车各组成部分的作用	汽车的类型及总体构造	熟悉汽车的总体构造
		发动机拆装和总体结构的认识	①熟悉发动机的拆装工艺 ②能对发动机进行正确拆装	发动机总体构造和工作原理	能叙述发动机总体构造和工作原理
项目二	曲柄连杆机构的构造与维修	气缸体、气缸盖检测	①学会测量平面度的方法 ②能正确地安装和使用量缸表测量气缸	机体组的构造与维修	知道气缸体和气缸盖的检测部位和方法
		活塞连杆组的拆装与检测	①能正确拆装活塞连杆组 ②学会活塞连杆组各零部件的检测方法	活塞连杆组的构造与维修	知道活塞连杆组的构造

序　号	工作任务	技能与学习水平		知识与学习水平	
		技能点	学习水平	知识点	学习水平
项目二	曲柄连杆机构的构造与维修	曲轴飞轮组的拆装与检测	①能正确拆装曲轴飞轮组 ②学会曲轴飞轮组各零部件的检测方法	曲轴飞轮组的构造与维修	知道曲轴飞轮组的构造
项目三	配气机构的构造与维修	配气机构的拆装与检测	①能正确拆装配气机构 ②学会配气机构各零部件的检测方法	气门组零件的构造与维修	能叙述气门组的组成及各组成部分的作用
				气门传动组的构造与维修	能叙述气门传动组的组成及各组成部分的作用
		气门间隙的调整	①正确使用气门间隙调整工具 ②能用两次调整法调整气门间隙 ③养成崇尚"精度"，遵循"规范"的习惯	配气相位与气门间隙的调整	能说出气门间隙的4种调整类型是如何操作的
项目四	发动机燃油供给系统的构造与维修	汽油机燃油供给系统的检修	能对汽油机燃油供给系统各零部件进行正确的检修	汽油机燃油供给系统的构造与维修	①知道汽油机燃油供给系统的作用和组成 ②熟悉汽油机燃油供给系统 ③各零部件的结构和工作原理
		柴油机燃油供给系统的检修	能对柴油机燃油供给系统各零部件进行正确的检修	柴油机燃油供给系统的构造与维修	知道柴油机燃油供给系统的作用和组成
				汽车发动机节能与环保	能叙述汽车发动机的节能与环保知识

序　号	工作任务	技能与学习水平		知识与学习水平	
		技能点	学习水平	知识点	学习水平
项目五	发动机冷却系统的构造与维修	发动机冷却系统主要零部件的检修	学会发动机冷却系统的正确拆装及主要零部件的检修方法	冷却系统主要零部件的构造与维修	熟悉发动机冷却系统各零部件的结构和工作原理
		发动机冷却系统常见故障的维修	能对发动机冷却系统常见故障进行排除	冷却系统故障的诊断与排除	知道发动机冷却系统故障的诊断方法
项目六	发动机润滑系统的构造与维修	发动机润滑系统主要零部件的检修	学会发动机润滑系统的正确拆装及主要零部件的检修方法	润滑系统主要零部件的构造与维修	熟悉发动机润滑系统各零部件的结构和工作原理
		发动机润滑系统常见故障的维修	能对发动机润滑系统常见故障进行排除	发动机润滑系统故障的诊断与排除	知道发动机润滑系统故障的诊断方法
项目七	汽车发动机的保养	汽车发动机的典型保养	①能进行汽车发动机典型保养项目的保养②具有安全操作和环保意识	汽车发动机的保养内容	①知道汽车发动机保养的必要性②能说出汽车发动机的保养项目

五、教学活动参考设计

教学活动参考设计如表 7-2 所示。

表 7-2　教学活动参考设计

教学活动	工作任务	参考学时
走进汽车世界	参观汽车制造厂或发动机生产线	6
	汽车维修常用工量具的使用	12
	观察汽车的总体构造	2
	发动机拆装和总体结构的认识	20
曲柄连杆机构的构造与维修	气缸体和气缸盖的检测	4
	活塞连杆组的拆装与检测	4
	曲轴飞轮组的拆装与检测	4
配气机构的构造与维修	配气机构的拆装与检测	4
	气门间隙的调整	6
发动机燃油供给系统的构造与维修	汽油机燃油供给系统的检修	12
	柴油机燃油供给系统的检修	12

续　表

教学活动	工作任务	参考学时
发动机冷却系统的构造与维修	发动机冷却系统主要零部件的检修	6
	发动机冷却系统常见故障的维修	4
发动机润滑系统的构造与维修	发动机润滑系统主要零部件的检修	6
	发动机润滑系统常见故障的维修	4
汽车发动机的保养	汽车发动机的典型保养	18

六、实施建议

（一）教材编写

（1）打破传统的学科教材模式，以本课程标准为依据来编写教材。

（2）以"工作任务"为主线设计教材，将本专业知识分解成若干典型的任务项目，按完成工作项目的需要确定教材内容。

（3）通过工作任务的需求，从有利于各专门化课程的学习出发，以"够用为度"为原则，引入必需的理论知识，加强实际操作能力的训练。

（4）教材应图文并茂，提高学生的学习兴趣，加深学生对汽车发动机结构的认识。

（5）对于涉及本专业岗位的实践活动，教材应以岗位的操作规程为基础，并将其纳入其中。

（6）本课程标准为最低标准，教材内容应有所拓展，将汽车发动机的新技术、新工艺、新设备及时地纳入教材，以满足汽车维修业发展的实际需要（删化油器知识，加电控）。

（7）建议为教材配置专门的多媒体光盘，有利于教师教学和学生自学。

（二）教学建议

（1）在教学过程中，本课程应立足于加强学生实际操作能力的培养，采用项目教学，以任务驱动型项目提高学生的学习兴趣。

（2）本课程的教学关键是现场教学，"教"与"学"互动，教师示范，学生操作，学生提问，教师解答、指导。

（3）在教学过程中，要创设工作情境，强化实际操作训练；要紧密结合职业技能证书的考核，在操作训练中，使学生掌握相关的汽车结构知识。

（4）在教学过程中，要尽可能采用实物教学、多媒体教学、现场式教学模式。

（5）尽量采用小班化教学。

（6）教师应从学生的实际出发，因材施教，着力培养学生对本课程的学习兴趣，从而提高学生学习的主动性和积极性。

（7）教师应具有双师型工作能力，具有与课程内容相关的汽车发动机维修能力，边操作、边演示、边讲解。

（三）教学评价

（1）改革考核手段和方法，加强实践性教学环节的考核，可采用过程考核和结果考核相结合的考核方法。

（2）结合课堂提问、学生作业、平时测验、实验实训、技能竞赛及考试情况，综合评定学生的学业成绩。

（3）应注重对学生动手能力和在实践中分析问题、解决问题能力的考核，对在学习和应用上有创新的学生应特别给予鼓励，综合评价学生的能力。

（四）资源利用

（1）注重实验实训指导书和实验实训标准的开发和应用。

（2）常用课程资源的开发和利用。利用挂图、幻灯片、投影片、多媒体软件、电子教案、汽车发动机总成实物以及示教台架等课程资源创设形象生动的工作情景，激发学生的学习兴趣，促进学生对知识的理解和掌握。建议加强常用课程资源的开发，建立多媒体课程资源的数据库，努力实现跨学校多媒体资源的共享，以提高资源利用效率。

（3）积极开发和利用网络课程资源。充分利用诸如电子书籍、电子期刊、数据库、数字图书馆、教育网站和电子论坛等网络信息资源，使教学媒体从单一媒体向多种媒体转变；使教学活动从信息的单向传递向双向传递转变；使学生从独立学习向合作学习转变。

（4）产学合作开发实验实训课程资源。充分利用各汽车维修企业的资源，进行校企合作，建立实习实训基地，工读结合，满足学生的实习实训需要，在此过程中进行实验实训课程资源的开发，同时为学生提供就业机会，增加就业渠道。

（5）开放式实验实训中心的利用。最大限度地利用开放式实训基地，进行实验实训、现场教学，满足学生综合职业能力培养的需求。

第三节　教育教学的改革

一、采用多种现代教育技术手段，创新课堂教学

随着科技的进步和教育的发展，计算机网络技术在课堂上已经得到了充分的运用，它可以把枯燥的、抽象的汽车专业名词和结构原理通过图像和动画形象地表现出来，比传统的黑板教学效果要好很多，既增强了学生的理解能力，又能激发学生学习的兴趣，但是仅仅只用这部分计算机的功能还不能达到创新课堂的要求。在"工学结合"人才培养模式中，课程建设与课堂教学的主体要从教师转换成学生，课程教学中要增加学生的参与性。要考虑以企业的用人标准设置的课程是否能够被学生认可，如果没有学生参与，再好的课程设置都达不到教学效果。要想创新课程教学体系，还需要理论联系实际，利用计算机网络平台把学校本身的设备资源结合起来，如果网络上的视频与学校本身的资源不匹配，学生观看起来也是没有实际意义的，例如，在发动机结构教学任务中，除了让学生观看网络视频外，教师还可以在实训车间和学生一同拍摄发动机结构的拆装视频，这样就可以把理论和实训无缝地结合，会大大提升学生对知识的理解程度。

采用以学生为主的教学方法，改变传统的向学生灌输式的教育方法，通过学生之间的思考、观察和讨论提出问题，再由教师解答，把课堂的主要时间留给学生，当然这需要学生有一定的自制能力。这种讨论式的教学方法在某些章节的教学上非常实用。

汽车维护与保养课程中适合采用项目式的教学方法，把汽车保养的每一部分分别做成一个项目并配上相关实训操作，最后再加以评价。例如，把发动机维护保养中的更换机油做成一个项目，明确保养内容、方法和如何操作，学生按照步骤操作，教师看步骤给予最后评价，如表7-3所示，只要把这三部分合在一起做好了，学生就能完全掌握汽车维护与保养这门专业课的基本知识。

表 7-3 项目教学评分表

汽车维护与保养 更换发动机机油 项目评分表				
（20 项共 30 分）				
班 级： 姓 名： 总 分：				
序 号	作业类型＋作业对象＋作业内容	标准说明	配 分	得 分
1	检查作业—作业准备 —安装翼子板布	操作方法有误或不规范不得分	1	
2	检查作业—作业准备 —安装前格栅布	操作方法有误或不规范不得分	1	
3	拆装作业—发动机 —拆下机油加注口盖	操作方法有误或不规范不得分	2	
4	操作作业—整车 —举升车辆	操作方法有误或不规范不得分	2	
5	检查作业—发动机 —检查发动机各部结合面有无漏油	操作方法有误或不规范不得分	1	
6	检查作业—发动机 —检查发动机各油封有无漏油	操作方法有误或不规范不得分	1	
7	检查作业—发动机 —检查发动机放油螺塞有无漏油	操作方法有误或不规范不得分	1	
8	拆装作业—发动机 —排放发动机机油	操作方法有误或不规范不得分	2	
9	拆装作业—发动机 —更换新的放油螺塞密封件并安装 放油螺塞	操作方法有误或不规范不得分	2	
10	拆装作业—发动机 —拆卸机油滤清器盖及密封件	操作方法有误或不规范不得分	2	
11	拆装作业—发动机 —更换机油滤清器芯	操作方法有误或不规范不得分	2	

续　表

12	拆装作业—发动机 —更换新的密封件并安装机油滤清器盖	操作方法有误或不规范不得分	2	
13	拆装作业—发动机 —填写发动机机油更换记录表并加注发动机油	操作方法有误或不规范不得分	2	
14	检查作业—作业准备 —起动发动机并暖机	操作方法有误或不规范不得分	2	
15	操作作业—整车 —举升车辆	操作方法有误或不规范不得分	1	
16	检查作业—发动机 —检查发动机机油有无泄漏	操作方法有误或不规范不得分	1	
17	检查作业—发动机润滑系统 —检查发动机油液位	操作方法有误或不规范不得分	2	
18	恢复作业—工具准备 —清洁工具设备并归位	操作方法有误或不规范不得分	1	
19	恢复作业—防护用品 —拆卸翼子板布和前格栅布	操作方法有误或不规范不得分	1	
20	清洁作业—车辆外部 —清洁车辆外部	操作方法有误或不规范不得分	1	

二、提升学生技能的策略

本研究中通过对技能的剖析将技能分为软技能与硬技能，结合企业的调研和中职汽车运用与维修专业教学现状，提出中职汽修专业学生的"三层技能"提升方向，即专业基础知识和专业核心技能、专业拓展技能，如图7-5所示，"三层技能"在中职汽车运用与维修专业学生的学习过程中层层推进，自下而上不断拓展延伸，自上而下不断反补优化。以专业基础知识作为技能提升的基本保障，为核心技能与拓展技能的习得做铺垫。专业核心技能是学生学习的主要内容，也是学生在工作中解决常见故障的能力，专业拓展技能的学习能为学生拓宽就业方向，提供多元化的就业途径。而软技能的学习贯穿整个技能培养过程和职业生涯中，在硬技能学习的同时进行软技能的提升，软技能的习得又反作用于硬技能的提升。

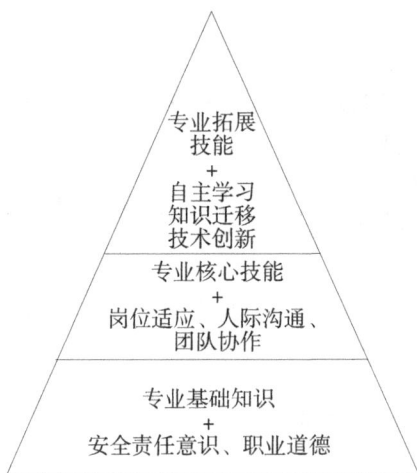

专业拓展
技能
+
自主学习
知识迁移
技术创新

专业核心技能
+
岗位适应、人际沟通、
团队协作

专业基础知识
+
安全责任意识、职业道德

图 7-5 汽车运用与维修专业技能知识关系图

（一）专业基础知识的提升

1. 案例分析

（1）H 学校"雨课堂"教学平台应用案例

在调研中发现，为了调动学生专业理论课程的学习兴趣，改进专业理论课教学效果，H 校尝试将信息化技术与课堂教学相融合，将"雨课堂"应用于专业理论课教学中，"雨课堂"是由清华大学在线教育办公室组织研发的智慧教学软件，旨在实时了解学生课前、课中、课后知识或技能的掌握情况[①]。该软件分为教师端和学生端，教师端以插件的形式与 PPT 相整合，提高了教师的可用性和操作性；学生端以微信公众号的形式接收讨论主题、课件、测试题等，带给了学生全新的学习体验。通过使用雨课堂，教师可以在课前将教学视频、课件、试题等内容推送到微信公众号，学生登录微信即可查看。在课堂上，教师开启雨课堂授课模式，学生手机端便与教师端同屏学习，一旦学生听不懂，可标记"不懂"。教师端可实时掌握这些数据，方便教师做出下一步的授课决策。另外，实时答题、弹幕互动、投票表决、匿名评价等方式，加强了师生互动交流，促进了评价方式的多元化。

---

① 齐兴.基于雨课堂授课模式的探究[J].信息与电脑（理论版），2018(21): 250-252.

将"雨课堂"教学软件应用于汽车电工电子课，提升了学生的学习兴趣与积极性。该课的课程内容为汽车继电器的结构与工作原理，教学对象为高一年级学生。以检测继电器的好坏、掌握继电器的连接方法作为技能目标，以继电器引脚含义、常见汽车继电器分类和继电器工作原理为知识目标。课程以学案导学、任务驱动、小组合作为教学手段。课程主要教学过程如下。

①课前知识导学

课前教学通过分析教学内容，将一节课的教学内容分成若干个知识点，确定以检测继电器的好坏、掌握继电器的连接方法为技能目标，需要掌握继电器引脚的含义、常见汽车继电器的分类以及继电器的工作原理三个知识点。第一，建立"雨课堂"班级和微信群，制作教学课件。第二，根据事先划分的知识点制作教学微视频，针对每一个知识点编制对应的课前测试题，利用"雨课堂"平台发布教学课件、知识点微视频以及课前测试等学习资源。第三，通过"雨课堂"软件的数据分析功能，统计学生的预习情况，即哪些学生完成了预习，每位学生学习了哪几页 PPT。学生完成知识点学习后，需进行课前知识测试，检测预习情况。

②课中知识研学，技能强化

首先，教师复习上节电路保护装置内容，用一辆卡罗拉点火没有电进行情境导入，从而引出本节课的主题——"继电器"。接着，利用教学微视频讲解继电器的工作原理，并结合具体案例"一位卡罗拉车主开车来到修理店，反映车喇叭按不响，请求修理"演示继电器故障的检测步骤与继电器引脚的接线方式。演示结束后，通过查看"雨课堂"平台上学生标注"不懂"或"收藏"的情况，教师对重难点、易错点进行总结。其次，学生进行分组实验，检测继电器线圈与触点，教师巡视、答疑，并进行个性化指导。最后，各小组完成继电器检测流程图后，学生代表匿名互相点评各组作品，利用"雨课堂"的"投票"功能，选出最佳作品，教师对最佳作品小组成员进行线上奖励。

③课后拓展练习，知识迁移

教师针对本节课的重难点，设计继电器故障的具体案例，让学生分析继电器故障的诊断步骤与排除方式，通过"雨课堂"平台发布在作业模块中。学生通过"雨课堂"教学平台完成课后拓展作业，并将拓展作业完成过程中所遇到的疑惑和想法发布在"雨课堂"讨论区中，教师或其他同学可以进行讨论交流。通过"雨课堂"线上数据，教师可以了解学生的知识掌握情况，便于教师对学生的知识掌握情况进行查漏补缺，也方便学生课后进一步学习。

（2）A学校个性化学习平台应用案例

为了解决汽车运用与维修专业学生理论知识学习积极性不高，学习效果不理想的问题，A学校将个性化学习推荐平台应用于汽修理论知识教学中。个性化知识推荐流程如图7-6所示。教师将汽修理论课教学资源上传教学平台，学生通过注册登录教学平台，在教学平台上先完成前测，教学平台可以收集学生的前测数据并分析出学生理论知识的掌握情况，在了解学生理论知识掌握情况之后，教师可以更具针对性地为学生推荐个性化的学习资料，同时也可以根据学生的知识掌握情况灵活调整教学。

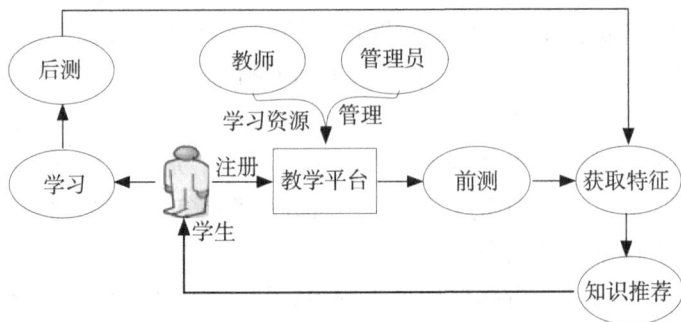

图7-6　个性化知识推荐流程图

学生的知识掌握情况随着时间的推移而不断变化，当学生完成一轮学习之后，可以再次登录平台进行后测，了解第一轮的知识习得情况，平台会根据后测数据分析得出学生的知识掌握情况，同时可以根据知识掌握情况为学生推荐个性化的学习材料以便查漏补缺。

2.技能提升策略总结

（1）通过信息化手段辅助理论知识教学

信息化教学是在信息化环境中，教育者与学习者借助现代教育媒体、教育信息资源和教学技术方法进行的双边活动，其特点包括以现代教学理念为依据，以现代信息技术为依托，引领学生个性化发展。在信息化教学设计过程中，教师充分利用现有的信息技术和信息资源构建信息化教学模式，营造信息化教学环境，既方便师生获取和利用课程资源，培养学生自主探究能力和信息素养，又能够提高学生的学习积极性，从而优化教学效果。当前，以"雨课堂"为代表的信息化教学平台逐渐应用于中职部分学科的课堂教学中，并取得了良好的教学效果。例如，苏豫全利用"雨课堂"技术实施混合式教学，将"雨课堂"平台应用于中职计算机课程中，活跃了课堂教学氛围，提高了学生的学习兴趣，增强了学生的自信心，取得了良好的教学效果[①]。杨莎将"雨课堂"应用于中职数学课堂，实验结果表明基于"雨课堂"的信息化教学平台促进了在线优质资源的共享，满足了不同学生的学习需求，实现了以教师为中心向以学生为中心的教与学方式的转变，提高了数学教学质量[②]。

通过查阅文献发现，当前"雨课堂"主要应用在大学课程中，就中等职业教育各学科来说，主要应用于中职计算机课程中，在其他课程中推广较少。专业基础知识是汽修专业教学中不可或缺的部分，它为学生专业技能学习做铺垫，由于中职汽修专业学生的自主学习能力比较差，纯理论的讲解往往难以收到理想的效果。通过对汽修专业学生的调研，发现机械基础知识与电气基础知识是学生比较欠缺的知识，通过对教师的访谈得知，这类知识由于理论性较强、知识内容较为抽象，在以讲授为主的传统教学方式下，学生课堂氛围较为沉闷。由于中职汽修专业学生基础较差，在机械原理、电路图的理解掌握方面比较吃力，学习进度和学习效果差强人意，需要教师及时了解学生的学习进度和知识掌握情况。同时，中职汽修专业学生存在学习方法不正确、学习习惯较差等问题，因此教师在教学实施的过程中需要激发学生的学习积极性，提高学生的学习动力。基于此，教师可以采用"雨课堂"教学平台辅助教学，改变课堂教学方式，增强课堂互动，调动学生的学习积极性。

在分析国内外学者相关研究成果的基础上，本研究整理出基于"雨课堂"的信息化教学模式基本流程，包括课前、课中及课后中学生和教师的活动内容，具体如图7-7所示。在课前、课中、课后三个阶段分别布置不同的学习任务，通过"雨课堂"教学平台，教师可以实时观测学生的完成情况，有针对性地进行教学。在课前，教师建立"雨课堂"学习班级和微信群，通过分析教学内容从而录制教学微视频、编制预习资料，并将预习资料推送到"雨课堂"；学生观看教师发布的教学视频，完成课前练习，针对不懂的知识可以在讨论区进行留言、交流。教师可通过"雨课堂"软件的数据分析功能查看学生的学习情况，了解学生的难点反馈情况。"雨课堂"的数据分析和学生反馈可为教师调整教学进度、找出教学难点提供有价值的参考信息。在课中，教师先进行情境导入，呈现本节课学习任务，并根据学生课前的预习情况进行知识讲解。开展"雨课堂"教学后，教学课

---

① 苏豫全.基于雨课堂的中职混合教学模式研究[J].中国教育信息化，2018(22)：51-55.

② 杨莎.智慧教育理念下中职院校数学教学形态的实践探究[D].石家庄：河北师范大学，2018.

件可实时同步至学生端，学生可以对重点知识进行"收藏"，对难点知识标注"不懂"。通过线上与线下教学相结合的方式，教师可以发现学生的知识理解情况，及时调整教学进度，进行个性化教学指导。在课后，学生完成教师布置的课后作业，进行知识巩固，针对不懂的知识点或者有创新的想法可以在"雨课堂"讨论区进行留言。教师通过信息化平台可以了解学生的课后作业情况，进行教学反思。以"雨课堂"为代表的信息化教学手段在提升学生学习积极性、激发学习趣味的同时，可以帮助学生提升软技能，例如，在课前的微课预习过程中，学生可以通过教师提供的预习资料学习知识，这在一定程度上培养了学生的自学能力。

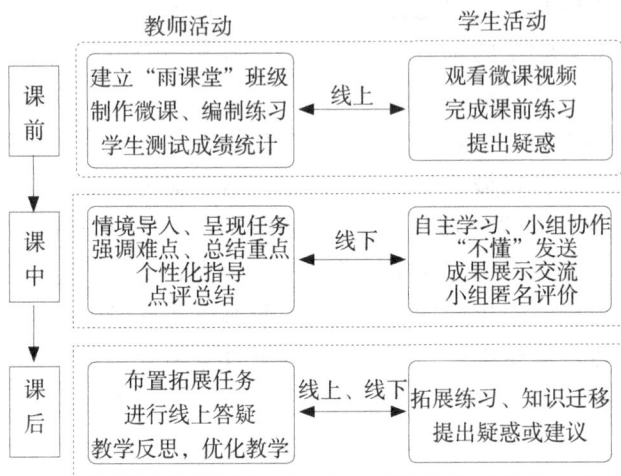

图 7-7 理论课教学模式图

（2）大数据平台支撑下的个性化理论知识学习

目前，个性化学习推荐平台在计算机专业教学、语言学习、考试复习等方面应用较多，由于个性化推荐平台可以针对不同水平学生进行个性化学习任务的推荐，在促进学生知识掌握和自主学习方面具有重要作用，加之中职学生理论知识学习能力较为欠缺，理论水平参差不齐，因此在中职汽修专业的理论教学中应用个性化推荐平台具有一定的实际意义。个性化学习推荐平台的原理是根据学生差异化的知识水平向学生推荐不同的学习材料，从而满足不同水平学生的学习需求[①]。在学习材料推送前，平台会对学生进行水平测验，从而得知学生目前的知识水平，更有针对性地向学生推荐学习材料。通过前期调研发现，学习积极性不

---

① 林真真 . 基于个性化学习的网络教学平台研究 [D]. 石家庄：河北师范大学，2016.

高、理论知识欠缺是中职汽修专业学生目前存在的主要问题。同时，学生的知识掌握情况又具有很大的差异，知识背景的不同导致学生的最近发展区不同，采用同样的教学方法无疑加剧了学生知识水平参差不齐的程度，这时个性化的学习推荐就显得尤为重要。随着信息化进程的不断推进，在线学习资源呈现出百花齐放的状态，而对于学习能力相对薄弱的中职学生而言，在大量的在线学习资源中寻找适合自身学习的资源存在一定的难度，这也为个性化学习推荐平台的应用提供了契机。个性化学习推荐在提升学生学习兴趣和辅助学生学习这两个方面的重要作用不断凸显。

个性化学习平台的构建与运行是基于大数据的挖掘，通过数据挖掘促进学生的个性化学习。在运行过程中，平台首先通过计算机后台采集学生的操作数据，其次通过对收集的数据进行提取与归类建立知识掌握水平模型，最后根据学生的知识掌握水平模型指导教师的教与学生的学，为学生推荐适合当前学情的个性化学习材料。

在平台的运行过程中，首先需要在平台中上传学习材料，教学材料的来源可以为教师自行制作，也可以购买现有成熟的教学资源。其次，学生在平台上注册并登录，在登录教学平台之后，对学生进行知识水平的前测，通过前测了解学生目前的学情。最后通过对学生前测数据的计算分析学生的知识水平，从而为学生推荐适合当前学习的材料。由于学生的知识水平会随着时间的推进而发生变化，因此需要在每一个学习阶段结束之后对学生进行再次测试，以便对知识点进行查漏补缺。个性化学习推荐平台在辅助学生学习的同时，方便教师更透彻地了解学生当前的知识掌握情况，教师通过后台的数据可以实时了解学生的情况，进而方便调整教学。

（二）专业核心技能的提升

1. 案例分析

（1）Z学校的校园汽修工厂案例

在调研中发现，Z学校在校企合作过程中为X企业提供场地建立厂房。Z学校利用地理优势与汽车维修企业联合办厂，在地理位置上，Z学校位于城区二环路与工业区主干道交叉口，学校利用靠近路口的地块为企业提供场地建厂。维修设备由学校与企业共同购买，同时保证企业正常运作需求与学生技能练习需求。X企业在Z校建立的工位主要有钣金工位、油漆工位、机电维修工位、维护保养工位，这些岗位包含了企业日常维修的大部分维修项目。X企业在学校建立工位的基础上配套了相应的设备，如举升机、汽车维修工具、气动抽接油机、空压机、烤漆房、钣金拉伸工具等常用工具，并在学校的工厂中安排了六位小工、七位中工、两位大工和一位技术总监。汽修厂房分为三个区域，即企业作业区、学生练习区和理论教学区。企业作业区主要为了保证企业能保质保量地完成汽车维修业务；学生练习区主要为学生设立的，可以帮助学生学习入门技术，但也对企业开放，企业在业务繁忙时可以利用学生练习区的设备完成工作任务；教学区主要是用来进行实训练习前的知识讲解。

在实训教学模式上，学生进入实训中心首先要进行生产安全教育，其次进行操作要点的学习和相关理论的学习，再次观摩企业师傅的操作流程，对于不懂的操作向企业师傅提问，最后学生在练习区进行技能练习。以汽车二级维护实训作业为例，学校实训车辆常年停放在实训中心，基本不存在磨损故障现象，与马路上实际使用的汽车车况相差很大，为了使二级维护技能实训更贴近企业实际工作情况，Z学校与X企业会联合起来培养学生的二级维护技能。X企业的二级维护作业主要分为三部分，即发动机保养检查、底盘检查、汽车电气设备检查。学生的二级维护作业实践教学以X企业的二级维护项目为主，如图7-8所示。第一步由教师讲解实践步骤、相关注意事项与操作细节，以及工具使用的方法；第二步学生现场观摩企业的二级维护作业流程，巩固操作知识；第三步学生返回练习区，在学校的实训车辆上进行基础的练习，确保对整个流程的掌握；第四步在教师与企业师傅的严格监控下，学生对企业客户车辆实施二级维护作业，为确保作业过程的安全与客户的利益，全程由企业大工与教师严密监管；第五步在学生完成二级维护后，由企业技术总监进行作业质量评定，评定结果将作为课程实训的成绩。

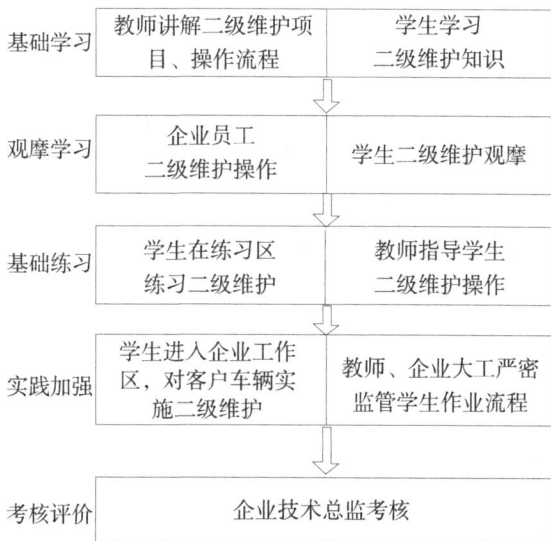

图 7-8　Z 学校二级维护流程图

在提升学生技能的同时，X 企业对学校教师实践技能进行培养，利用寒暑假与双休时间对教师的汽修技能进行强化训练，在日常教学过程中，理论课教师与企业技术人员搭班教学以促进教师的实践技能提升。教师技能的培养主要是采用与企业员工一对一结对指导的方式，结对的对象从中工开始逐级提升，最后与技术总监结对学习。

（2）B 学校的 VR 教学案例

B 学校通过 VR 技术提升学生的发动机机械故障诊断能力，即先通过平台的构建将常见发动机故障现象数据录入平台中，由教师、汽修技术人员和平台开发人员共同构建发动机机械故障检修平台，发动机故障排查步骤与操作规范以厂家维修技术资料为依据。在模拟实训课中，教师引导学生进行发动机机械故障模拟排查，通过对虚拟故障的规范化排查，对学生的实际故障排查实践提供了一定的指导，让学生更快地了解故障的现象与规范的排查步骤。

B 校在发动机机油亏损这一故障的排查中应用 VR 技术，对学生的故障排查能力进行提升。在维修企业的实际工作中，发动机机油亏损是一个常见故障，其是由发动机的机械故障引起的，而在学校实训过程中，对机油亏损的故障的模拟受到实训设备与实训条件的限制而无法模拟，基于此种种限制，B 校采用 VR 技术模拟发动机机油亏损故障，从而提升了学生的发动机机械故障检修能力。

发动机机油亏损检修思路如图 7-9 所示，根据机油亏损检修思路与相关部件构建了虚拟现实故障检修平台，对发动机机油亏损故障进行检修。平台为学生的实训提供了思路，同时按照厂家维修资料的检修步骤为学生设定了检修思路。先判断机油缺失的主要原因，从简单到复杂，由外而内地对故障进行检修，对发动机表面形态与冷却液状态、颜色进行模拟，让学生判断是否为外部泄漏。经过简单的外部观察判断之后，学生进入发动机构件的检修环节，按照从附件到内部零件的顺序进行检修，由平台对学生的检修步骤进行引导。

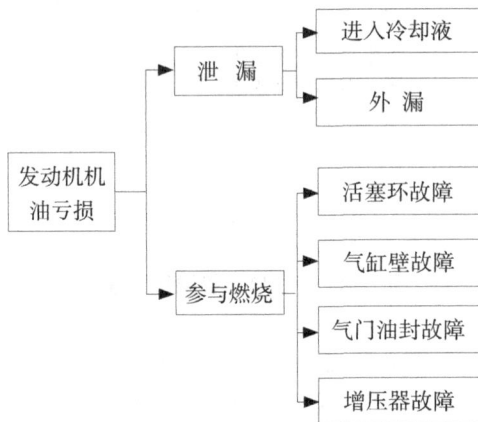

图7-9 发动机机油亏损检修流程图

（3）D学校新能源汽车检测与维修课程体系构建案例

D学校所在的城市由于限牌与限号政策的实施，新能源汽车数量在近几年突飞猛涨，在新能源汽车数量不断增加的背景下，D学校利用专业优势与师资力量优势，在传统汽修专业人才培养的基础上实施新能源汽修人才的培养，在专业人才培养方向上划分新能源汽车检测与维修方向，以满足不断增加的新能源汽车所带来的维修保养人才需求。在新能源检测与维修专业的开办上，借鉴现有成熟的课程模式，以现有的传统汽车构造与检修课程为基础，为新能源专业课程的开设做铺垫。如表7-4所示，在新能源汽车检测与维修专业的核心课程体系中包含了汽车发动机、底盘的检修和电控部分内容，将汽车电气系统的知识也纳入新能源汽车检测与维修的专业课程中。

表 7-4　新能源汽车检测与维修专业核心课程

课程类别	科　目
传统汽车核心课程	汽车发动机构造与维修
	汽车底盘构造与维修
	汽车电气设备构造与维修
	汽车整车维护
	汽车电路分析
	汽车发动机电控系统检修
	汽车底盘电控系统检修
	汽车车身电气检修
	汽车故障诊断
新能源汽车核心课程	新能源汽车概论
	储能装置构造与检测
	新能源汽车安全操作
	混合动力汽车维护与故障诊断
	纯电动汽车维护与故障诊断
	新能源汽车电气系统构造与检测
	驱动电机及控制系统构造与检修

在新能源汽车知识方面，如表 7-4 所示，将目前市场保有量较大的纯电动汽车与混合动力汽车检修方面的知识纳入课程体系，主要包括电机、电池、电源管理系统等方面的知识。从 D 学校新能源汽车检测与维修专业的课程体系中可以发现，传统汽车构造与电气知识和新能源汽车知识在课程体系中平分秋色，二者都占了相当大的一部分，比较符合当下的实际情况。当前，传统动力形式的汽车依然是市场的主角，但新能源汽车在不断崛起抢占市场，所以 D 学校在新能源汽车检测与维修专业的课程体系中依然保留了大部分传统汽车的知识，同时在课程体系中加入了纯电动汽车与混合动力汽车的知识，为学生的职业生涯发展奠定了良好的基础。

在实训课程的建设上，D 学校采购了新能源汽车实验台架和北汽 EV、比亚迪、普锐斯混动等新能源汽车作为学生实训的教具，由于新能源汽车的实训与传统汽车的实训有较大差异，需要接触高压电，学校为新能源汽车实训教学成立了实训中心。在传统汽车维修项目的实训上，新能源汽车检测与维修专业的学生进入原有实训中心进行学习。

2.技能提升策略总结

（1）引入企业实际工作场景提升专业核心技能

"产教融合，校企合作"是职业教育的特色，也是职业教育提升人才培养质量的必由之路。通过对中职学校的调研发现，目前中职汽修专业学生比较欠缺实际故障的诊断与维修能力，如缺乏机械故障诊断维修能力、电气故障诊断维修能力和常见的故障诊断维修能力。从与教师的访谈中得出，产生这些技能欠缺的主要原因是学校的技能实训与企业实际工作任务的不匹配，教师指出，在学校的实训中，对于大部分的汽车常见故障，学生难以有机会遇到，如在发动机故障检修过程中，学校无法模拟一些常见的发动机故障。教师 E 指出"发动机机油消耗过度、发动机异响、发动机漏机油、发动机冷却液泄露、发动机机油泄漏、发动机温度过高等汽车维修企业实际工作中经常遇到的故障在学校里不能模拟"。汽车底盘故障在企业中需要通过路试诊断，而在学校实训过程中由于场地和安全等因素，路试诊断环节难以实现。

针对学校实训过程中难以培养的故障诊断与维修能力，学校引入企业实际工作场景为这些欠缺的技能培养提供了可行的思路，即通过对接产业实现人才技能与市场需求的匹配[1]。校园工厂的建立让学生更接近实际工作岗位，在校园里就可以实现理论学习与实践的交替进行，有助于学生尽快进入职业角色[2]。

随着汽车进入千家万户，汽车维修业也日渐成为民生服务业，校内汽车保有量的不断攀升也为校园工厂的建立提供了有力保障。如图 7-10 所示，在原有校企合作基础上，学校利用地理位置优势为企业提供场地，企业将汽车维修工厂搬进学校，将真实的维修作业场景带入教学，为学校带来了先进的生产设备与理念，做到了互利共赢。企业与学校主要在实训基地建设、课程开发、师资培养、考核评价等方面建立合作关系，在提升学校教学质量的同时做到了学校与企业的互利共赢。在实训基地建设上，校企共建实训基地满足教学需要与生产需要，学校以提供汽修教学设备为主，企业以提供生产设备为主。在课程开发上，企业参与学校的课程开发，将企业的实际工作任务作为学习项目加入课程学习中，促进课程与实践的接轨。在师资培养上，面对中职学校理论教师实践经验欠缺的现状，企业利用技术优势弥补教师的缺陷，同时教师的理论知识也能促进企业技术人员的技术提升。学生的考核评价与企业评价和学校考核相结合，以企业标准作为考核的重要依据。企业可以根据需要，将部分维修工位建立在学校，也可以以连锁加盟的形式在学校建设对外开放的维修店。校园工厂的建立不仅有助于提升

① 陈衍，李阳，柳玖玲.产教融合推动高等应用型人才培养的历史发展与改革设计 [J]. 中国高等教育，2018(Z3)：38-40.
② 苏兆斌.发达国家应用技术型高校的比较研究与借鉴 [J]. 教育与职业，2017(14)：26-32.

学生的技能，还对教师实践技能的提升有很大帮助，教师在校园工厂中可以与企业技术人员密切交流，在实践技能上可以向企业技术人员请教。

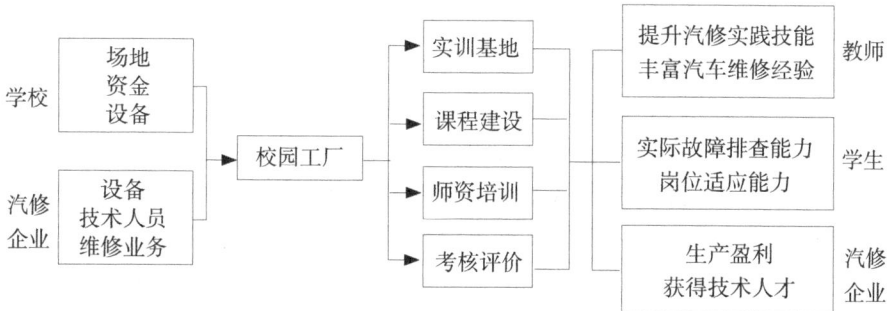

图 7-10 校园工厂运作模式图

在合作企业的选择上，目前从规模大小上可以将汽修企业主要分为一类、二类、三类。不同学校的汽修专业可以根据培养目标和专业实力有选择地和不同类型的汽修企业展开合作，在校内建设不同规模的校园工厂，对校内人员开放营业，在满足校内需求后可以扩大服务范围。

在校园工厂中的学习能够促进学生安全责任意识、团队合作能力、知识迁移应用能力、技术创新能力等软技能的培养。例如，学生在课堂上无法体会安全责任意识的重要性，通过在企业环境中的认知学习，可以体会到企业对安全责任意识的严格要求，认识到事故的严重性，从而更深刻地认识到安全责任意识的重要性。技术创新与知识迁移能力是在经验的不断积累中养成的，是通过不断接触实际问题、解决实际问题培养起来的，因此基于校园工厂的情景化学习有助于技术创新能力与知识迁移能力的培养。

（2）通过 VR 技术辅助核心技能提升

随着汽车技术的发展，汽车结构的更新速度不断加快，学校的汽修实训设备与企业现实维修任务中所接触的车辆之间产生了一定的差异。采用 VR 技术推行虚拟实训为解决设备不足的问题提供了借鉴。目前 VR 技术已经应用在发动机拆装过程中，给汽车发动机机械故障的模拟排查提供了一定的借鉴意义。学校如果无法真实模拟发动机的机械故障，学生的发动机机械故障排查能力就得不到有效锻炼。机械故障与电气故障有着截然不同的性质，在学生实训过程中，电气故障的模拟相对容易许多，通过控制电路短路、断路和电路中的串联电阻可以模拟大部分电路故障。发动机机械故障多是由于发动机的过度磨损、发动机结构的疲劳损伤、发动机过热产生的形变、发动机油道堵塞等引起的硬件故障，在汽车发动机机械故障排查过程中，为了保护实训设备而无法对这些机械的故障进行模拟，但在企业的实际维修作业中这一类的故障占了很大一部分。通过 VR 技术，就可以模拟发动机的这些机械故障，首先，在已有的发动机拆装模型中加入发动机的附件，在虚拟环境中保证发动机的正常运转，在运转过程中可以对发动机的抖动现象、发动机尾气颜色、发动机噪音等直观现象进行模拟。其次，通过借鉴常见的故障对发动机的相应机械部件进行改造，使之体现直观的故障现象，将引起发动机故障的最主要部件的技术状态按照故障现象进行相应的修改，使之符合发动机故障产生的条件。再次，根据发动机故障排查技术标准中的规范操作步骤设定发动机故障排查步骤，按规范的故障排除流程引导学生进行故障排除。最后，将虚拟平台应用于教学过程中，教师在学习任务完成后可以通过平台设置发动机的机械故障，学生在虚拟平台中对发动机的故障按照预先设定的标准步骤进行模拟检修，在检修过程中强化操作与技术规范意识。

（3）依托原有课程构建新能源汽车检修课程体系

虽然目前新能源汽车市场保有量不断增长，但新能源汽车的分布受政府宏观调控的影响，在实行限行限牌的城市中保有量较大，在一些中小城市保有量相对较少。在汽车服务后市场，燃油车依然占据主体地位。未来汽车发展呈现多元化趋势，纯电动汽车、混合动力汽车、燃料电池汽车、生物燃料汽车等都将成为未来汽车的发展方向，而当下混合动力汽车相较其他种类的新能源汽车保有量最高。在当今新能源汽车市场中，混合动力汽车与纯电动汽车是市场的主要组成部分，因而中职新能源汽车检测与维修专业的教学需要围绕这两类汽车展开。

在燃油车依然占据汽车市场主体地位的背景下，中职教学依然需要在新能源汽车检修课程体系中加入传统汽车构造与检修方面的课程。为了使学生适应未来新能源汽车的检修，学校在原有传统课程体系上增加了新能源汽车检修课程，并相应省略了部分对新能源汽车检修而言意义不大的课程内容。新能源汽车在构造方面依然保留了大部分传统汽车的技术，因而新能源汽车维修技术可以部分沿袭传统汽车维修技术。混合动力汽车依然沿用了传统的内燃机，所以在新能源汽车的课程体系中仍保留了部分传统动力汽车的内容，为学生当下的就业服务，也为学生将来的发展铺路。新能源汽车检修专业课程体系如图 7-11 所示，在传统汽车课程体系的基础上，增加了新能源汽车构造与检修方面的内容，将新能源汽车部分内容与传统汽车教学内容相融合，使其共同组成了符合当下发展现状的新能源汽车检修专业课程体系。新能源汽车知识与传统汽车的知识有重叠部分，如电气知识、发动机知识、底盘知识、车身修复知识等；目前传统动力形式的汽车依然为汽车后市场的主体，为了学生的就业发展，新能源汽车检修专业的课程体系依然不能欠缺这部分知识。

```
┌──────────────┐              ┌──────────────┐
│  新能源汽车课程  │              │   传统汽车课程   │
└──────────────┘              └──────────────┘

        ┌──────────────┐        ┌──────────────┐
   理    │  新能源汽车概论  │        │   发动机模块    │
   论    │   安全操作模块   │        │    底盘模块     │
   部    │ 混合动力汽车模块  │        │  电气设备模块    │
   分    │  纯电动汽车模块  │        │   汽车维护模块   │
        │   电气系统模块   │        │    电路模块     │
        │  电机与控制模块  │        │   故障诊断模块   │
        └──────────────┘        └──────────────┘

   实    ┌──────────────┐        ┌──────────────┐
   践    │    安全操作    │        │   发动机检修    │
   部    │   电气系统检修   │        │    底盘检修     │
   分    │  电机控制模块检修 │        │  电气设备检修    │
        └──────────────┘        │    电路检修     │
                                └──────────────┘

   职    ┌──────────────┐        ┌──────────────┐
   业    │  新能源汽车维护  │        │   传统汽车维护   │
   能    │ 新能源汽车故障检修 │        │  传统汽车故障检修  │
   力    └──────────────┘        └──────────────┘

               ┌──────────────────────┐
               │    新能源汽车检修课程体系   │
               └──────────────────────┘
```

图 7-11 新能源汽车检修课程体系图

（三）专业拓展技能的提升

1. 案例分析

（1）D 学校汽车美容社团案例

在对 D 学校的调研过程中发现，D 学校针对学生汽车美容与装潢技能不足的情况设立了汽车美容与装潢社团，主要是为了提升学生汽车美容与装潢的实践技能，同时也为教师与学生家长服务。在活动规范上，D 学校汽车美容与装潢作业规范以汽车美容装潢工职业标准为依据，并根据企业实际需求进行了有针对性地强化。在社团活动中，学生是社团运行的主要角色，教师主要为社团运营引领方向，学校为社团的运营提供物质与场地支持。学生完成美容作业后采用多元化的评价方式，力求做出最客观的评价。

D 学校目前有 300 多位教师，大部分教师都拥有汽车，这些校内的汽车就为汽车美容与装潢社团的建设提供了坚实的基础。社团的运作模式如图 7-12 所示。在实训场地方面，社团的活动场地由学校车库改造而来，并做好了排水与四周的防水措施，实训场地的布置参考汽车美容装潢店的格局，通过仿造与简化汽车美容装潢店而形成了目前的实训室。在实训设备与耗材方面，洗车机、抛光机、毛巾、刷子等实训设备由学校实训室提供，实训过程中的耗材也由学校实训室提供，实训耗材主要为清洗液、车蜡、轮胎蜡等。

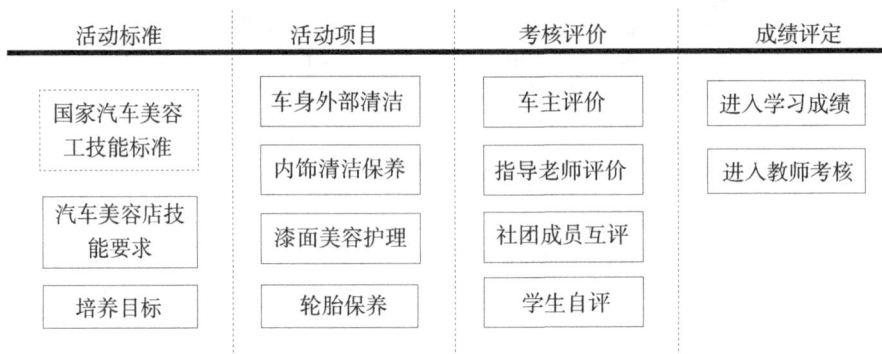

活动标准	活动项目	考核评价	成绩评定
国家汽车美容工技能标准	车身外部清洁	车主评价	进入学习成绩
汽车美容店技能要求	内饰清洁保养	指导老师评价	进入教师考核
培养目标	漆面美容护理	社团成员互评	
	轮胎保养	学生自评	

图 7-12　学校汽车美容装潢社团运作模式图

在社团服务项目方面，D 校汽车美容与装潢社团主要提供的服务为汽车清洗、漆面护理、漆面抛光、内饰清洗、轮胎保养等项目，这些服务项目的开设主要参照了汽车美容装潢店的项目。在教师指导方面，学生的美容装潢技能主要以教师指导、学生帮带的方式培养，即教师对高年级学生进行技能指导，高年级学生或技能熟练的学生指导技能不熟练的学生，采用导生制进行技能培训。最终的考核环节采用多元化的技能评价方式，由社团指导教师、学生、同学、车主共同对作品完成后的效果进行评定。作为成绩的加分项，每学期结束后对考核成绩位于前十的学生社团会进行通报表扬并给予物质奖励。为了鼓励指导教师的积极性，社团工作也纳入教师的考核体系，与教师的年终奖和晋升挂钩。

2. 技能提升策略总结

在调研过程中发现，汽修专业学生在专业拓展技能方面存在一定的欠缺，欠缺的技能主要包括二手车评估技能、汽车保险理赔技能、汽车美容装潢技能等。通过对教师的访谈发现，这些技能课程主要为选修课，目前学校对这些技能的重视程度不够，而且这些技能的培养需要大量的实践，目前有关拓展技能的教学主要以课堂教学为主，实训教学较为欠缺，因此难以达到良好的教学效果。为了应对第一课堂教学的欠缺，可以将第二课堂教学作为补充，通过第二课堂培养学生在第一课堂中难以培养的技能，第二课堂的主要形式有社会实践、社团活动、实地参观等[1]。

在中职学校中，社团活动相对丰富、社团文化浓厚，可以将专业型社团活动作为第二课堂的载体，从而对学生的专业技能进行培养与拓展。社团的建立需要以学生的兴趣为基础，辅以教师的指导，将具有共同爱好的学生组织起来，共同进行学习活动与实践锻炼[2]。在社团建设的基础上，依托专业背景，将拥有共同专业兴趣的学生组织起来，形成专业型社团。专业型社团的建立有助于提升学生的职业素养，也有助于培养学生的职业道德，辅助学生的专业发展，弥补第一课堂教学的不足，也是对校园社团文化的一种弘扬。

专业型社团的建设主要由四个部分组成，如图 7-13 所示，即社团活动目标、社团活动规范、社团活动组织、活动考核评价[3]。社团活动的终极目标是为学生的就业服务，方法则是通过不断练习来提升学生的实践能力，通并过模拟工作环境来帮助学生更好地完成实际工作任务。社团活动规范主要以国家技能标准、企业技能需求、课程目标、专业培养目标为依据，在活动规范确立的基础上对学生进行有针对性的培养。在社团活动组织过程中，要充分体现学校、教师、学生的地位，学校主要为社团的组织提供硬件保证，教师引导社团组织的过程与社团发展的方向，为学生解决技术难题，学生充分发挥主人翁作用，并参与社团的日常管理，充分体现自治性。评价方式多元化，即自评、他评、互评相结合。

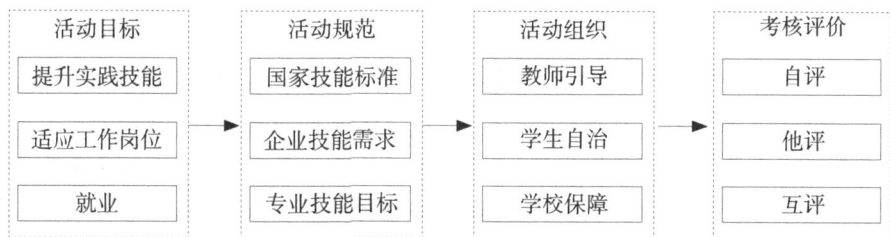

活动目标	活动规范	活动组织	考核评价
提升实践技能	国家技能标准	教师引导	自评
适应工作岗位	企业技能需求	学生自治	他评
就业	专业技能目标	学校保障	互评

图 7-13 社团组织架构图

社团目标主要是提升中职汽修专业学生的拓展技能，在社团的组织过程中，

---

① 彭巧胤，谢相勋 . 再论第二课堂与第一课堂的关系 [J]. 学校党建与思想教育，2011(14)：45-46.
② 高立宁 . 中职学生专业社团文化育人设计与实现路径 [J]. 职业技术教育，2018, 39(35)：59-64.
③ 俞慧刚 . 立足专业实践能力培养 创新专业型社团建设 [J]. 内蒙古教育（职教版），2015(1)：95-96.

需要充分发挥学生的主观能动性，教师则是社团发展的引路人，社团的建设工作主要交由学生完成。在社团成员选拔方面，主要从汽修及与汽修相关专业或相近专业学生中进行选拔，但也不排斥其他专业的学生。社团成员与管理者每学年开学初重新选拔，采用自荐与投票两种方式。在社团活动考核方面，对学生完成的美容装潢作业进行考核，并作为平时成绩记录在册，同时要对指导教师进行考核，以提升教师的积极性。社团服务的对象主要是教师与学生家长，目前全国汽车保有量不断增加，教师与学生家长中拥有汽车的比例也不断提升，为成立汽修专业社团提供了基础。

（四）贯穿学习全过程的软技能提升

在对中职学生软技能进行调研的过程中发现，目前中职汽修专业学生比较欠缺的软技能为安全责任意识、自主学习能力、技术创新能力和知识迁移能力。通过对教师的访谈发现，目前职业学校缺少对软技能的培养，理论课教学对软技能的培养作用也不明显，实训课由于无法模拟真实的企业生产场景，对软技能的培养也没有达到良好的效果。目前在软技能的培养过程中，第二课堂扮演着重要角色，顶岗实习过程中真实的工作环境对软技能的培养具有促进作用[1]。软技能的培养需要真实的场景，也需要一定氛围的熏陶[2]。工作情景是软技能生长的沃土，软技能的培养依靠特定的情景[3]，基于软技能的形成条件，企业的情景化学习成为培养软技能的有效手段。软技能的培养离不开硬技能的提升，在培养硬技能的过程中，学生的软技能也能得到提升，而且软技能的培养是一种潜移默化的影响，贯穿学习的全过程，在基础知识教学、核心技能提升、拓展技能提升三个阶段都有体现。

在专业基础知识教学过程中利用信息化教学手段，有助于培养学生的自主学习能力、团队协作能力、沟通交流能力等软技能。信息化教学过程包括以下两方面：一是教师在课前发布学习资料与测试题，让学生在课前进行基础知识点的学习；二是在课中教师布置项目让学生进行小组合作探究和讨论，提升团队协作能力与沟通交流能力。

学生在校园、工厂中学习，对安全责任意识、职业道德规范、岗位适应能

---

① 朱从香，张军.校企协同育人视角下建筑施工类学生"软技能"培养体系构建[J].职业技术教育，2018,39(20): 23-26.

② 喻穹，黄新文.论高校学生"软技能"培养[J].湖南师范大学教育科学学报，2010,9(2): 98-100.

③ 才晓茹，邵路才.实践共同体：职校学生软技能习得的路径选择[J].中国职业技术教育，2017(9): 93-96.

力、知识迁移和技术创新能力、人际沟通能力等软技能的培养具有不容小觑的作用。

培养软技能也可以通过专业社团活动进行，在专业社团活动中，学生的职业道德规范、人际沟通能力、团队协作能力、岗位适应能力等软技能都会得到提升。通过专业社团活动模拟真实的工作环境，学生执行实际工作任务，这对学生职业道德的形成与岗位适应能力的培养具有重要作用。

第八章 汽车运用与维修专业人才培养模式与实践

第一节 "一订二合三交替"人才培养模式与实践

汽车专业根据人才需求调研、职业能力分析构建课程体系，将汽车运用与维修专业课程体系分为学校文化课、文化基础课、专业核心课、专业方向课、专业选修课五个部分，其中，学校文化课在于使学生体会学校立业立人的办学理念，专业核心课在于培养学生的专业基础能力，专业方向课是根据行业需求，从汽车装配、汽车机电维修、汽车钣金与涂装三个方向来培养学生，专业选修课是学生在企业实习前开设的课程。

根据学生的实际情况，某校课程的进度安排如下：一年级开设学校文化课、公共基础课和专业基础课，二年级开设专业方向课，三年级进行岗前培训、顶岗实习。学生完成两个月的教学实习后，就可以通过专业部和企业选拔进入汽车装配、汽车机电维修、汽车钣金与涂装方向学习，这种教学安排符合"一订二合三交替"培养模式。

一、"一订二合三交替"人才培养模式

（一）教学要求

教学以教师为主导，以学生为主体，以发展学生智力和动手实践能力为主线，具体要求有如下几点：目标明确，重点突出，兴趣引路，习惯奠基；相融渗透，全面培养，训练为主，动手动脑；指导学法，改进教法，微机辅助，多媒配合；自探创新，团队协作，理实一体，全面育人。

1.公共基础课

（1）教师必须执行教学计划，按课表上课，遵守上课时间，尊重全体学生。善于处理师生关系、教与学的关系。

（2）认真搞好组织教学，坚持自始至终调动学生学习的积极性，要特别重视非智力因素的作用，做到教书育人。

（3）贯彻教学原则，坚持科学性与思想性统一，做到理实一体。正确处理知识和能力、教书和育人的关系。

（4）在传授知识的过程中，教师应有机渗透爱国主义教育、辩证唯物主义教育、社会主义民主和法制教育，培养学生的劳动观念和良好的道德修养、行为习惯、品质。合理使用教具，能上实验课的上实验课，能用媒体辅助和其他教学工具的就一定用，写好板书，有效地培养学生的学习兴趣，不断提高学生的学习能力。

（5）做到因材施教，对不同层次的学生要求提出不同的要求，对学习有困难、有障碍的学生要多关心、多鼓励、少批评。

2.专业技能课

（1）做到每一节课教有目的、学有中心、学有效果，观点正确，突出重点、突破难点，精讲精练。要严格按照"理实一体"或"五环四步"的要求，突出理论与实践相结合的重点。

（2）做好课前准备工作，保证设备仪器正常使用，注重课前安全教育，及时排除安全隐患。

（3）注重任务分解，以"典型工作任务"组织教学。

（4）在实训现场应遵守 6S 管理办法。

（二）教学管理

专业教学管理严格执行学校的三级教学管理体系，如图 8-1 所示，专业部在专业建设指导委员会指导下制订学校教学工作计划，明确教学工作目标；教务处负责学校教学计划的审定；专业督导组负责对教学过程进行监督和评价。

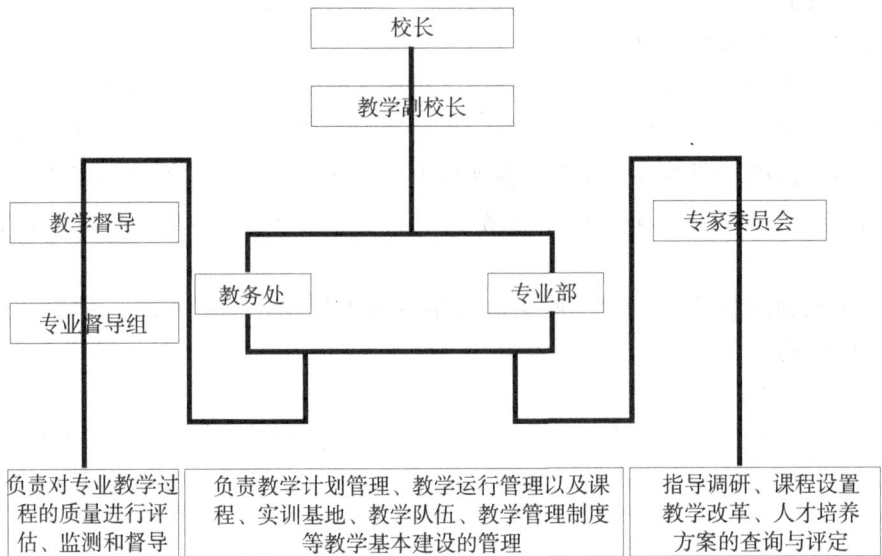

图 8-1　教学管理结构图

专业教学组织管理包括教学文件管理、教学过程管理、教学质量管理等，流程如图 8-2 所示。

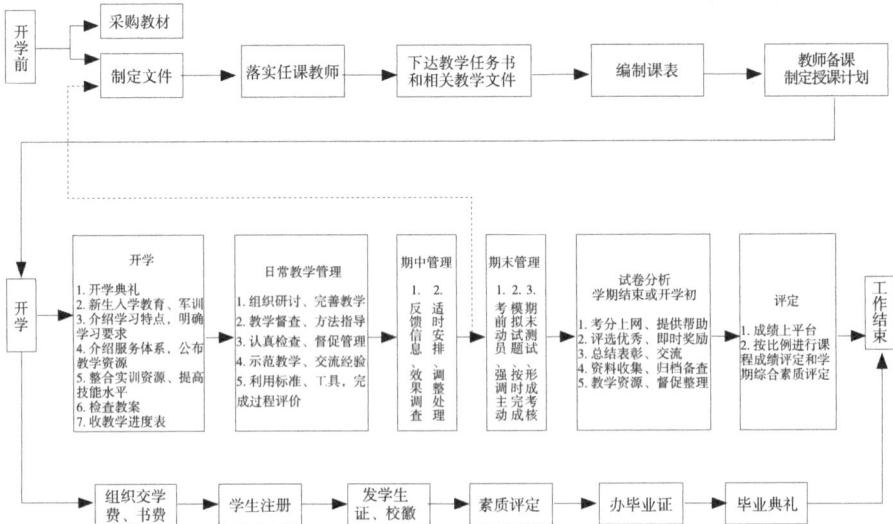

图 8-2　教学管理流程图

1. 教学文件管理

（1）制（修）订教学文件的程序

①教学文件是规范和指导学校教学活动的主要依据，其要保持一定的稳定性和权威性，教学计划一经确定就不得随意更改，并应认真组织落实。

②通过广泛调查社会发展对人才的要求，认真做好需求分析，仔细论证培养目标和专业培养方向，制定和完善相关的教学文件。

③在相关教学文件的要求下，由专业部提出制（修）订教学文件的思路、总体框架和基本格式等，报主管校长批准，送教务处备案。

④由专业部主持制（修）订相关教学文件，并经专业建设指导委员会和教务处讨论审议。

⑤主管校长审核签字后下发执行。专业部可根据市场要求，对教学文件中的相关内容进行局部调整，但需报教务处备案。每三年进行一次修订。

（2）教学文件的编制安排

①由专业部编制分学期或分阶段的教学进程或实施计划，落实每学期课程及教学任务，教务处负责审定。

②由专业部或有关职能部门编制单项教学环节组织计划，如军训计划、入学与毕业教育计划、实习计划、社会实践计划等。

③由专业部或授课教师编写课程简介及课程相关要求。

2. 教学过程管理

教师教学过程由课前准备、上课、辅导、作业批改、成绩评定等基本环节组成，学生学习过程由课前准备、听课、实践、听教师讲评、完成作业、互评等环节组成。根据课程标准对教学的要求，通过教学"六认真"检查制度、教学督导、教研活动对教学过程进行监控。

（1）排课工作管理

①排课的依据是校历和相关教学文件。

②专业部落实任课教师后，由教务处完成排课，并出课表。

③为了合理安排教学活动，在时间和空间上要创造最佳的教学环境；为了提高教学质量，排课必须遵循整体优化、合理搭配、服从教学等原则，使班级课表、教师授课时间表、场所占用表处于最佳状态。

④专业部教学干事应在开学前就把课程名称、任课教师、授课班级、听课人数、授课时间、授课地点等信息通知到任课教师。

⑤专业部应在开学前下发班级课程表和教师课表。

（2）备课管理

任课教师必须在上课前就备足两周的教案，一般以一课时为单位编写教案。新上讲台或开新课的教师必须在写教案的同时进行两个级别的试讲，即"专业部——督导"。教案是教师以课时为单位设计的具体教学方案，通常包括课题，班级，授课日期，教学目的、要求，教学内容的要点、重点、难点，教学方法，复习，提问，新课课堂练习，课后小结，课外作业，课程进程和时间分配，等等。备课以个人钻研为主，专业部一般每学期应组织不少于两次集体备课。

（3）上课管理

教师必须按规定的课程表上课，不迟到、不拖堂、不提前下课、不调课；教师要在整个上课过程中都严格执行课堂教学规范，保证课堂教学秩序，认真组织教学和管理学生，填好教师日志，并注意自身仪表、教态和表率作用；教师必须在备好课的基础上上课，上课必须带齐有关材料；任课教师必须按教学大纲要求布置作业，有明确的目的，要求每次课都要有难度适中、内容适量的作业，作业要全批全改。

（4）教研活动管理

开展教学研究是提高教师业务水平和教学质量的重要环节，专业部应至少每两周举行一次教学研究活动，积极开展多种多样的教学研究，讨论重点、难点，研究教改方案，开展听课、观摩教学等学术活动和社会实践活动，总结和交流教学经验，等等。要鼓励教师撰写教学研究论文或教学经验文章，通过多种渠道争取并参与课题和科研活动。

（5）教师停、调课

为了保证正常的教学秩序，避免学生负担过重（或过轻），任课教师应严格按照教学文件授课，如确有特殊原因需停、调课，应及时办理停、调课手续。代课教师仅限专业部教师，且应填写调课审批表，经专业部同意，报教务处批准。为保障各个教学环节的正常运转，凡需停、调课或增减教学时数的教师，都应到专业部办理手续，未经同意不得自行停、调课或增减学时。

（6）教学检查

教学检查是全面了解教学情况，及时发现和解决教学工作中存在的问题的有效措施。教务处、专业部应把经常性教学检查列入工作日程，采取直接与教师、学生对话及其他有效方式，掌握教学中的第一手材料。采取每周一抽查、每月全面检查等手段保证教学质量。

（7）教学督导

为了贯彻落实《中共中央国务院关于深化教育改革，全面推进素质教育的决定》的精神，切实加强改善和规范学校的教学管理，确保学校教学秩序正常开展，对全校教师的教学过程实行有效、有序、有度、有机的调控，不断优化教学过程，提高教学质量，形成良好的教风、学风、校风，学校特制定了教学督导检查制度。

由分管教学的副校长任组长，教务处主任任副组长，教务处副主任、各教研组长、教务员、督导员为成员，设立专门的督导领导小组办公室，由教务处主任兼任办公室主任，选派责任心强、能够坚持原则、具有高级职称的文化课和专业课教师各一名担任专职督导员。

3. 教学质量管理

教学质量管理是按照专业教学文件的要求安排教学活动，并对教学过程的各个阶段和环节进行质量控制的过程。公共基础课程以"过程评价 + 期末考核"为主；专业技能课以"过程评价 + 课题评价 + 技能鉴定"为主完成目标质量管理，通过中等职业学校学生"多元立体"评价体系、中等职业学校学生综合素质"多元立体"评价标准、中等职业学校学生综合素质"多元立体"评价工具、职教中心学生综合素质评价软件对教学质量进行评定。

4. 教学档案管理

（1）教学档案归档内容

①上级教育主管部门下达的有关教育教学方面的文件。

②学校制定的各种教学管理规章、制度、办法和规定等。

③专业建设、课程建设、教学计划、教学大纲、教学日历、教育教学立项等有关材料。

④教学质量监控材料和教学信息（文字与音像教材、CAI 课件等）。

⑤全部教学环节、教学运行相关材料（各类课程计划，各学期教师任课情况统计表，代课、停课审批表，教师工作量与酬金发放表）。

⑥教师及学生各类竞赛活动材料，各类检查、评估的记录与总结。

⑦招生材料、学生名册、学生成绩单、学籍变动批件（升留级、休学、复学、退学、保留入学资格、保留学籍、转专业、学生意外事故）等。

⑧教师个人业务档案。

⑨其他教学与教学管理文件。

（2）教学档案管理规范

①将教学档案归档落实到日常教学管理工作中，要把教学档案装入正规的档案盒中保存，要有专人负责归档，放专柜保管。

②档案应按学年和内容、性质、特点装订后按次序存放。

③按学校的规定，定期将有关材料移交档案室。

5.教学管理制度

教学管理制度是保证人才培养方案顺利执行的基础，学校及专业部制定了教学督导制度、教学"六认真"检查制度、学生评教制度、中等职业学校学生综合素质"多元立体"评价标准、中等职业学校学生综合素质"多元立体"评价工具等制度和工具对教学过程进行质量管理和评定。

二、"一订二合三交替"人才培养模式实施结果的考评

教学评价是对教学质量的测量、分析和评定，包括对教师教学工作的质量评价和对学生学业成绩的评价。

（一）教师教学工作绩效的评价

为落实各项教学基本要求，及时对教学工作进行评价和监控，促进教学质量的不断提高，保证教学目标的实现，学校每学期都要对教师的教学工作进行考核与评价（简称"教学评价"）。具体办法及要求有如下几点。

1.考评对象

包括担任课程教学任务的全体专职教师，各类兼职教师、外聘教师。

2.考评内容

（1）教学"六认真"

（2）师德师风

（3）课堂管理

（4）教学质量

（5）教学安全责任

（6）集合、例会

（7）其他教师职责

3.考评分值及等级

（1）教师全学期教学考评综合分由教学常规检查、学生评教以及教师互评三部分的分数组成，并按 65：15：20 的比例计算出综合分，最终按其得分的多少转换为相应的考评等级。

（2）考评等级分为 A、B、C 三等，最高等级为 A 等，最低等级为 C 等。

（3）A 等人数的比例不超过本学期考评专职教师总人数的 25%；C 等人数的比例不少于本学期专职教师总人数的 3%。兼职教师、返聘教师、外请教师参评，但不评定等级，不占比例。在见习期内的新教师参加考评，原则上不定等级也不占比例，如果考评结果达到 A 等，可视为 A 等对待，其比例也按 25% 控制。

（4）若教师承担教学任务的班级，其课程成绩平均分低于 60 分，或及格率低于 80%，或出现安全责任事故，不能评为 A 等。

4. 考评方法

（1）教学常规检查

①学期授课计划、教案（讲义）、作业布置与批改、辅导答疑、授课情况、设备维护与保养等。

②教学督导包括随堂听课，对教师的课堂教学质量进行评价与反馈；根据教学要求，对教师常规教学工作进行随机抽检，并将结果及时向教师所在专业部通报，作为"教学考评"评分的参考；深入班级，广泛听取学生对教学工作的意见和建议。

③接受教学任务情况包括教学常规检查的内容；关心教研组建设和支持教研室工作等情况。

④参加教研活动情况包括出勤情况，参与及认真程度，撰写与提交论文、教学总结的情况，学期听课次数。

⑤教学常规检查的分值为各个单项检查分值之和。各单项最高分值分别为学期授课计划 5 分，教案（讲义）10 分，课堂考核及教学督导 30 分，辅导答疑（巡回指导，个别辅导）5 分，作业布置与批改（设备维修，群体工作）5 分，教务处、专业部教学质量考核 10 分。教学常规分值采取扣分制，其最高分值为 65 分。

（2）学生评教

①专业部应将学生评教作为常规工作之一，建立健全学生评教工作制度。

②学生评教工作由专业部教务干事在专业部部长的领导下实施。

③学生评教分教师、分课程进行。对于本学期任课的教师，每门课程的学生评教不得少于两次。

④学生评教以学生在课堂现场评定为主。教务干事应在课堂上按上课学生人数的比例（不低于 10 人）发给"评教卡片"（或请学生现场如实填写）。学生填写完毕后，收齐"评教卡片"并进行统计。

⑤学生评教一般放在期中和期末的前两周，学生评教的最高分为 15 分。

（3）教师互评

由专业部和部门组织实施，分值为 20 分。

（4）考评的组织与实施

①成立由主管校长任组长，教务处主任、专业部长和教学督导为成员的学校教学考评工作领导小组，负责全校教学系统教学考评工作的组织。

②专业部成立由专业部长、教研组长及专家组成的教师教学工作考评小组，负责并具体实施教师教学工作的考核与评价工作。

③出现教学事故，则根据学校《教学事故认定及处理办法》扣减教学考评综合分值。

④学期考评时间安排在每学期的期末，专业部考评小组对本部考评对象进行全面考评，计算并统计出每个考评对象的考评分值及等级，上报学校考评小组。由教务处组织抽查后，报学校审查批准。

（5）考评结果的应用

①考核结果记入教师个人档案，纳入期末考核奖项目之一，并作为评优评先、职务评聘、年度考核、晋级提薪、选派进修的重要依据。

②教师教学考评未达到优秀的，年度考核不得评为优秀等级，也不得申报各类先进。

③教师教学考评不合格的，年度考核只能确定为不称职等级，两年内不得申报高一级的教师职务，并对其进行诫勉谈话，限期整改。

（二）学生学业评价

1. 评价对象

汽车运用与维修专业三年制学历学生。

2. 考评内容

内容详见表 8-1。

表 8-1　考评内容

一级指标	二级指标	主要观测点
基本素质	道德与公民素养	道德素质
		公民素养
	学习与创新能力	学习能力
		实践能力
		创新能力

续　表

一级指标	二级指标	主要观测点
基本素质	合作与交流能力	合作能力
		交流能力
	运动与健康	身体健康
		心理健康
		职场健康
	审美与表现	审美
		表现美
文化素质	公共基础学习	学习态度
		学习过程
		学习效果
	公共拓展学习	学习态度
		学习过程
		学习效果
专业素质	专业基础学习	学习态度
		学习过程
		学习效果
	专业技能学习	学习态度
		学习过程
		学习效果
	专业拓展学习	学习态度
		学习过程
		学习效果
	专业技能表现	参与情况
		活动效果

3. 考评分值、等级、考评方法、考评组织与实施

见表 8-2。

表 8-2　考评分值、等级、考评方法、考评组织与实施

一级指标	二级指标	主要观测点	评分细则	评价场所	评价方式	评价主体				小计
						自评	互评	师评	其他评价	
基本素质 33	1-1 道德与公民素养 6	道德素养 3	评分办法：①"道德素养"按照三级标准计分，优秀记 3 分，良好记 2 分，合格记 1 分，有严重违反道德的行为记 0 分；②"公民素养"按照三级标准计分，优秀记 3 分，良好记 2 分，合格记 1 分，严重违反学校规章制度，受到记过以上处分的行为记 0 分。评分依据：依据学生在学校、企业、社会、家庭的表现情况，参照《班务日志》《学生操行评定表》《违纪学生情况表》《学生处分登记表》《学生获奖情况登记表》等记载。	学校企业社会家庭	观察交流记录					
		公民素养 3	评价权重：自评占 20%，互评占 20%，师评占 60%							
	1-2 学习与创新能力 8	学习能力 3	评分办法：①"学习能力"按照学生学习能力表现情况计分，优秀记 3 分，良好记 2 分，合格记 1 分；②"实践能力"按照学生参与社会实践的程度和效果计分，优秀记 3 分、良好记 2 分、合格记 1 分，不合格记 0 分；③"创新能力"按照学生创新意识和创新技能计分，优秀记 2 分，良好记 1.5 分，合格记 1 分，不合格记 0 分。评分依据：依据学生在学校、企业、社会、家庭的表现情况，参照《学生参加社会实践活动考核表》《学生创业实践情况登记表》《学生创新发明情况登记表》等记载。	学校企业社会家庭	观察交流记录					
		实践能力 3								
		创新能力 2	评价权重：自评占 20%，互评占 20%，师评占 60%							

续 表

一级指标	二级指标	主要观测点	评分细则	评价场所	评价方式	评价主体				小计
						自评	互评	师评	其他评价	
基本素质 33	1-3 合作与交流能力 7	合作能力 4	评分办法：①"合作能力"按照学生参与活动和团结协作的情况计分，优秀记4分，良好记3分，合格记2分；②"交流能力"按照学生交流能力表现情况计分，优秀记3分，良好记2分，合格记1分。评分依据：依据学生在学校、企业、社会、家庭的表现情况，参照《学生参加活动情况记录表》《学生参加社会实践活动考核表》《学生班级、社团职务登记表》《学生获奖情况登记表》等记载。	学校企业社会	观察交流记录					
		交流能力 3	评价权重：自评占20%，互评占20%，师评占60%							
	1-4 运动与健康 6	身体健康 2	评分办法：①"身体健康"按照学生基本体质、运动技能、运动和卫生习惯的表现情况计分，优秀记2分，良好记1.5分，合格记1分；②"心理健康"按照学生自我认识和情绪表现情况计分，优秀记2分，良好记1.5分，合格记1分；③"职场健康"按照学生的职场健康和安全知识的掌握情况和行为表现情况计分，优秀记2分，良好记1.5分，合格记1分，在学习和工作场所中出现安全责任事故记0分	学校企业社会家庭	观察交流记录测试					
		心理健康 2								
		职场健康 2								

一级指标	二级指标	主要观测点	评分细则	评价场所	评价方式	评价主体				小计
						自评	互评	师评	其他评价	
基本素质33	1–4运动与健康6	身体健康2	评分依据：依据学生在学校、企业、社会、家庭的表现情况，参照《班务日志》《班会记录》《新生入学健康体检表》《学生体质健康录入表》《中小学健康体检表》《学生心理咨询记录表》《安全稳定工作记录表》《家校联系卡》等记载。评价权重：自评占20%，互评占20%，师评占60%	学校企业社会家庭	观察交流记录测试					
		心理健康2								
		职场健康2								
	1–5审美与表现3	审美1.5	评分办法：①"审美"按照学生感受美和欣赏美的能力计分，优秀记1.5分，良好记1分，合格记0.5分；②"表现美"按照学生行为和艺术表现情况计分，优秀记1.5分，良好记1分，合格记0.5分。评分依据：依据学生在学校、企业、社会、家庭的表现情况，参照《班务日志》《班会记录》《学生参加活动情况记录表》等记载。评价权重：自评占20%，互评占20%，师评占60%	学校企业社会家庭	观察交流记录					
		表现美1.5								

续 表

一级指标	二级指标	主要观测点	评分细则	评价场所	评价方式	评价主体				小计
						自评	互评	师评	其他评价	
文化素质 30	2-1 公共基础学习 26	学习态度 20%	评分办法：①按照学习态度、学习过程、学习效果计算课程学期总评成绩，其中学习态度占20%，学习过程占20%，学习效果占60%；②在计算某一学期每门课程的权重分时按照当期课程数的平均值计算，设当期课程门数为N、课程类别权重为M、某门课程总评成绩为X、某门课程的积分为Y，计算公式如下：$Y=(M/N)*X/100$学期总评成绩不合格Y记零分，补考合格$X=60$，课程的积分Y按上述公式计算。 评分依据：依据学生在学校的学习表现情况，参照《班务日志》《学生作业完成及处理情况登记表》《学科计分册表》《学生成绩汇总表》等记载	学校	观察交流记录 观察交流记录测试 考试					
		学习过程 20%								
		学习效果 60%								
	2-2 公共拓展学习 4	学习态度 20%	评分办法：①按照学习态度、学习过程、学习效果计算课程学期总评成绩，其中学习态度占20%，学习过程占20%，学习效果占60%；②在计算某一学期每门课程的权重分时按照当期课程数的平均值计算，设当期课程门数为N、课程类别权重为M、某门课程总评成绩为X、某门课程的积分为Y，计算公式如下：$Y=(M/N)*X/100$学期总评成绩不合格Y记零分，补考合格$X=60$，课程的积分Y按上述公式计算	学校	观察交流记录 观察交流记录测试 考试考查					
		学习过程 20%								
		学习效果 60%								

续　表

一级指标	二级指标	主要观测点	评分细则	评价场所	评价方式	评价主体				小计
						自评	互评	师评	其他评价	
文化素质30	2-2公共拓展学习4	学习态度20%	评分依据：依据学生在学校的学习表现情况，参照《班务日志》《学生作业完成及处理情况登记表》《学科计分册表》《学生成绩汇总表》等记载	学校						
		学习过程20%								
		学习效果60%								
专业素质120	3-1专业基础学习15	学习态度20%	评分办法：①按照学习态度、学习过程、学习效果计算课程学期总评成绩，其中学习态度占20%，学习过程占30%，学习效果占50%；②在计算某一学期每门课程的权重分时按照当期课程数的平均值计算，设当期课程门数为N、课程类别权重为M、某门课程总评成绩为X、某门课程的积分为Y，计算公式如下：$Y=(M/N)*X/100$ 学期总评成绩不合格Y记零分，补考合格$X=60$，课程的积分Y按上述公式计算。评分依据：依据学生在学校的学习表现情况，参照《班务日志》《学生作业完成及处理情况登记表》《学科计分册表》《学生成绩汇总表》等记载	学校	观察交流记录					
		学习过程30%			观察交流记录测试					
		学习效果50%			考试					

续　表

一级指标	二级指标	主要观测点	评分细则	评价场所	评价方式	评价主体				小计
						自评	互评	师评	其他评价	
专业素质 120	3-2 专业技能学习（专业实训）15	学习态度 20%	评分办法：①按照学习态度、学习过程、学习效果计算课程学期总评成绩，其中学习态度占 20%，学习过程占 30%，学习效果占 50%；②在计算某一学期每门课程的权重时按照当期课程数的平均值计算，设当期课程门数为 N、课程类别权重为 M、某门课程总评成绩为 X、某门课程的积分为 Y，计算公式如下：$Y=(M/N)*X/100$ 学期总评成绩不合格 Y 记零分，补考合格 $X=60$，课程的积分 Y 按上述公式计算。评分依据：依据学生在学校的学习表现情况，参照《班务日志》《学生作业完成及处理情况登记表》《学科计分册表》《学生成绩汇总表》等记载	学校	观察交流记录测试　观察交流记录测试　考试					
		学习过程 30%								
		学习效果 50%								
	3-3 专业技能学习（顶岗实习）70	学习态度 20%	评分办法：①按照实习态度、实习过程、实习效果计算顶岗实习总评成绩，其中实习态度占 20%，实习过程占 30%，实习效果占 50%；②实习总评成绩按 70% 折算为综合素质积分，$Y=70\%*X$。评分依据：依据学生在企业实习表现情况，参照《学生顶岗实习考核表》等记载	学校企业	观察交流记录					

一级指标	二级指标	主要观测点	评分细则	评价场所	评价方式	评价主体				小计
						自评	互评	师评	其他评价	
专业素质120	3-2专业技能学习（顶岗实习）70	学习过程30%		学校企业	观察交流记录					
		学习效果50%	评价权重：自评占20%，师评占40%，其他（企业）占40%	学校	考查					
	3-3专业拓展学习（拓展课程）2	学习态度20%	评分办法：①按照学习态度、学习过程、学习效果计算课程学期总评成绩，其中学习态度占20%，学习过程占30%，学习效果占50%；②在计算某一学期每门课程的权重分时按照当期课程数的平均值计算，设当期课程门数为N、课程类别权重为M、某门课程总评成绩为X、某门课程的积分为Y，计算公式如下：$Y=(M/N)*X/100$学期总评成绩不合格Y记零分，补考合格$X=60$，课程的积分Y按上述公式计算。	学校	观察交流记录测试					
		学习过程30%			观察交流记录测试					
		学习效果50%	评分依据：依据学生在学校的学习表现情况，参照《班务日志》《学生作业完成及处理情况登记表》《学科计分册表》《学生成绩汇总表》等记载		考试					

一级指标	二级指标	主要观测点	评分细则	评价场所	评价方式	评价主体				小计
						自评	互评	师评	其他评价	
专业素质120	3-3专业拓展学习（教学实践）6	实践态度2	评分办法：按照学生的实践态度、实践过程和学习效果计分，优秀记2分、良好记1.5分、合格记1分，未参与活动者计0分。评分依据：依据学生在教学实践单位的表现情况，参照《学生教学实践考核表》记载。评价权重：自评占20%，互评占20%，师评占60%	学校企业	观察交流记录					
		实践过程2			观察交流记录					
		实践效果2			考查					
	3-3专业拓展学习（专业讲座）4	学习态度2	评分办法：按照学生参与专业讲座学习态度和学习效果计分，优秀记2分、良好记1.5分、合格记1分，未参与活动者计0分。评分依据：依据学生在专业讲座中的表现情况，参照《班务日志》记载。评价权重：自评占20%，互评占20%，师评占60%	学校企业	考查记录					
		学习效果2			考查记录					
	3-4专业技能表现（技能活动）4	参与情况2	评分办法：按照学生参与活动情况和活动效果计分，优秀记2分、良好记1.5分、合格记1分，未参与活动者计0分。评分依据：依据学生在技能活动中的表现情况，参照《学生参加活动情况记录表》《学生获奖情况登记表》记载	学校企业社会	观察记录					
		活动效果2			记录					

一级指标	二级指标	主要观测点	评分细则	评价场所	评价方式	评价主体				小计
						自评	互评	师评	其他评价	
专业素质120	3-4专业技能表现（作品设计）4	设计情况2	评分办法：按照学生毕业作品设计情况和效果计分，优秀记2分，良好记1.5分，合格记1分，未参与活动者计0分。	学校	交流记录考查					
		设计效果2	评分依据：依据学生在毕业作品设计活动中的表现情况，参照《毕业作品成绩统计表》等记载		交流记录考查					

4. 考核结果呈现

学生综合素质评价结果以纸质文本和电子文本形式呈现。根据《××中等职业学校学生综合素质"多元立体"评价指标体系》，每学期期末和毕业时形成《××中等职业学校学生综合素质评价报告单》。

5. 考核结果应用

评价结果能够使学生、家长以及教师及时、全面地了解学生综合素质的发展过程和水平，为学生确定综合素质发展目标提供参考。评价结果不仅是学生评优评先、升学就业、获取毕业证书的重要参考依据，还为学校办学水平、人才培养评估提供了依据。

第二节　"理实一体化"教学模式与实践

一、"理实一体化"教学模式

（一）"理实一体化"教学模式的基本特征

1. 理实教学有机结合

与传统教学模式相比，"理实一体化"教学模式打破了理论教学与实践教学之间的界限，更加注重理论与实践的有机结合。在教学过程中，相同的时间、地点下，由同一名教师围绕学生开展教学活动，以理论知识的学习来指导学生进行实践操作，以实践为载体促进学生对理论知识的理解，理中有实，实中有理，使学生真正明白"为什么，怎么做"，从根本上培养学生的双重能力，解决理论与实践脱轨的教学问题，从而实现职业院校的人才培养目标。

2."教、学、做、评"一体化

"理实一体化"教学模式不只是理论与实践的结合，整个模式实施的每一个环节都应体现出一体化的含义，它将教师的教、学生的学、师生的实践操作以及教学评价进行四位一体的整合。在一个完整的教学过程中，既要体现理论教学与实践教学的融合，又要强调教师在知识、技能以及教学能力上的统一，也包含理论与实践教学场所的一体化。同时学生的学要渗透到教学环节的方方面面，并在学生学习理论知识与实践操作的过程中进行相应的教学评价，激发学生对学习的热情。

3.融合多种教学方法

在"理实一体化"教学过程中，教师可根据教学内容的要求、教学任务以及学生特点等情况选择适合的教学方法，或者是将多种教学方法融合运用，以期达到教学效果的最优化。"理实一体化"教学模式可运用的教学方法有项目教学法、讲授法、演示法、情景教学法以及案例分析法等。例如，当教学内容实践性较强、教学任务重且涉及的内容多以项目呈现时，教师可采用项目教学法进行教学活动，将项目分解成多个小任务，由学生独立或团队完成，在项目教学过程中使学生掌握相应的理论知识与实践操作能力，促进学生的全面发展。

4.强调学生主体，教师主导

在以往的教学模式中，教师是所有教学活动开展的"主人"，有着至高无上的绝对权威，在这种状况下，学生被动接受理论知识，从而丧失了对学习的激情与兴趣。"理实一体化"教学模式倡导"以学生为中心，教师为主导"，一切教学活动的开展围绕学生的需求进行，强调学生的主体地位。在教学过程中，教师扮演多重角色，融合多种教学方法进行教学，培养学生的综合职业能力，从而使学生由被动学习变为主动学习，提高了学生学习的积极性。

5.以促进学生的全面可持续发展为宗旨

"理实一体化"教学模式对学生的培养符合国家对职业院校人才培养目标的要求，以促进学生全面可持续的发展为宗旨，注重培养具有综合能力的高素质应用型人才。在人才培养过程中，该模式既强调对学生实践能力的培养，又要求学生掌握相应的理论知识，兼顾理论与实践的学习，力求改变"重理论，轻实践"

或"重实践，轻理论"的教学现象，是二者的有机统一，而不是对教师实践操作的简单模仿，能使学生真正做到举一反三。

（二）"理实一体化"教学模式的理论基础

1.建构主义学习理论

在行为主义以及认知派学习理论的基础上，建构主义学习理论摒弃片面、极端思想，继承与发展正确理论。它否定了以"教师为中心"的观点，强调充分发挥学生的主观能动性，认为学生知识的习得不是由教师教授获得，而是在一定情景化的社会实践活动中，通过他人的协助（教师、同学、专家等），利用必要的学习资料主动进行的知识构建[①]。因此，建构主义学习理论的核心观点如下。

（1）学生是教学的中心，不是知识的被动接收者，而是知识的主动构建者。

（2）学习不是个体活动，要有效发挥教师的主导作用。

（3）知识依靠社会活动抽象存在，因此学习应该与社会实践相联系。

在"理实一体化"教学模式实施的过程中，理论知识的学习蕴含在一定的实践活动中，学生在教师的指导下通过实践活动来主动建构新的认知；同时，对知识的构建会进一步指导实践操作。基于建构主义学习理论，在教学活动中，教师要有效发挥其指导作用，尊重学生的主体地位，凸显理论与实践的有机结合，强调学习的建构性、互动性及情境性。

2.杜威的教学论

约翰·杜威是实用主义教育思想的创立者，他深受达尔文进化论的影响，认为人是自然界的一部分，通过自然获取生活经验，并得以发展。他反对传统教育方式，力图通过自身教育理念改变教育现状，发挥教育的积极作用。在教学方法上，杜威倡导"从做中学"，认为最好的教学方法就是使学生在活动中习得经验与知识。他反对通过书本直接传授知识的教学方式，认为这种方式会抑制学生的创造性发展，主张知识的学习是发生在各种实践活动中，强调教育和生活的联系，强调经验是通过接触、观察、亲身操作等方式获取[②]。基于"从做中学"的基本原则，杜威在教学组织形式上反对传统的班级授课制，提倡以活动为主的教学组织形式，主张教学活动的开展要从学生的兴趣出发，以促使学生在教学活动中主动探索学习，同时他认为在教学活动中也不能忽视教师的主导作用。

"理实一体化"教学模式在教学过程中融合多种教学方法，以激发学生的兴

---

① 莫雷.教育心理学[M].北京：教育科学出版社，2007：64-65.

② 吴洪成.中国近代教育思潮新论[M].北京：知识产权出版社，2016：171-174.

趣为起点，将理论教学与实践教学相结合，这样不仅能够满足学生对理论知识的需求，还有助于培养学生的实践操作能力。同时，教学场所的一体化打破了常规的班级授课制，在同一时间、同一地点进行理论与实践教学，让学生"从做中学"，能够充分发挥学生的主观能动性及创造性。

3. 陶行知的"教学做合一"

陶行知是我国近代著名的教育家，师从杜威，深受杜威实用主义思想的影响，并根据我国实际情况提出了生活教育思想，在继承与发展杜威"做中学"理论的基础上，提出了"教学做合一"的教育理论。陶行知认为，"教学做"并不是指三件事，而是指一件事情的三个方面。"教的法子根据学的法子，学的法子根据做的法子。事怎样做便怎样学，怎样学便怎样教。教与学都以做为中心。在做上教的是先生，在做上学的是学生。"[1]教与学并没有严格的角色之分，而是"能者为师"。该模式打破了"教师只管教，学生只管学"的教学现状，强调教师在教学之前首先要掌握如何学、如何做，然后才可以去教学生，提倡教师"教学做"一体化。

"理实一体化"并不只是理论与实践的结合，同时强调教师自身知识、技能与素质之间的融合。在教学过程中，该思想要求教师不断提升自我，树立终身学习的观念；从学生的角度出发，充分思考学生如何去做，围绕学生开展教学活动，实现"教学做"真正的统一。

（三）理实一体化教学方法分析

1. 案例教学法

案例教学法符合建构主义学习理论和学习迁移理论。

案例教学法是教师以生活中的实际事例为切入点，由教师引导学生去分析、思考感性材料，进而总结生成理性概念的过程。案例教学法是以建构主义学习理论为依托发展起来的一种教学方法，也称为抛锚式教学。案例教学法不仅可以调动学生的学习积极性，还符合以学生为中心的教育理念，更加可以提高学生自己分析问题、解决问题的能力。

建构主义认为，知识的获得是在一定的社会文化背景下，是学习者通过意义构建获得的[2]。学习者学习环境包括情境、协作、交流和意义构建四个部分，学习者往往具有主动性、自我构建性和合作探究性的特质。对于汽车维修专业来说，

---

① 华中师范学院教育科学研究所. 陶行知全集：第 2 卷 [M]. 长沙：湖南教育出版社，1985：289.

② 徐先荣，付迎春. 建构主义学习理论的教育意义 [J]. 长江大学学报（社会科学版），2009，32(2)：236-237.

案例教学法无疑是非常适用的，车辆维修的经典案例有助于学生在学习过程中习得更多、更全面甚至超越自身经验的知识。在案例教学法实施的过程中，学生和教师会有思想上的碰撞与交流，更有助于学生发挥学习的主动性，很好地帮助学生在思考、交流中构建新的知识结构。

2. 任务驱动法

任务驱动法符合建构主义学习理论、杜威"做中学"理论。

任务驱动法是由教师在教学前选取与教学内容相关的各项任务，通过设立一个个任务，学生在不断完成教师的设置任务的过程中获取新的知识的一种教学方法[①]。这种教学方法能够利用任务驱动学生，使学生通过已有的知识和经验解决问题并掌握相关知识。建构主义认为，学生是构建知识的主体，而教师是在建构学习过程，教师通过搭建框架，使学生按照教师建构的过程去不断地进行思考、建构知识体系。教师在此过程中进行适当的监督及引导，形成了一种以教师为主导，学生为学习活动主体的教学方法。

杜威提出了"做中学"的教育理论，他认为，学生应该从实际的问题出发，不断解决问题。在解决问题的过程中，学生自身的综合能力就得到了培养。而同时，学生是社会的一部分，学校是社会的一种特殊形式，学生在学校的生活如果能与社会生活建立联系，学生就更能适应社会。这也十分契合任务驱动法，教师在设置任务时同样也会考虑到学生的已有经验以及社会需求，从而使设置的任务更贴合学习实际。对于汽车维修专业来说，学生在以后的就业中也会遇到各种各样的维修问题，利用任务驱动法可以锻炼学生自主解决问题的能力，从而使学生能够适应以后的社会工作。

3. 讨论式教学法

讨论式教学法符合社会互赖理论、需要层次理论。

讨论式教学法最直接的理论来源是社会互赖理论。社会互赖分为积极互赖（合作）和消极互赖（竞争）两种[②]。积极互赖产生积极互动，在教学中，利用讨论式教学法可以极大地促进学生之间的合作与竞争，从而使学生在讨论的过程中互相促进，相互依靠，为学生的思考与进步提供较大空间。讨论式教学法可以搭配分组教学法共同使用。将学生分成小组后，各个小组的学生就会形成团队，团队会极大地激发学生的集体荣誉感，使学生朝着共同目标努力。而小组成员之间也会积极表现，这样学生的学习激情也得到了激发。

---

① 郑莉平，易志斌，张士峰. 任务驱动法的教学设计理论依据 [J]. 大家，2011(24): 180-181.
② 陈华. 参与式教学法的原理、形式与应用 [J]. 逻辑学研究，2001, 21(6): 159-161.

人本主义心理学家马斯洛根据人的需求层次的高低将人的需要分为五个层次，分别是生理的需要、安全的需要、爱和归属的需要、尊重的需要以及自我实现的需要[①]。讨论式教学可以增加学生之间的互动，在互动之中，学生之间可以建立信任和友谊，满足学生爱的需求；而学生在讨论过程当中会有得到他人认同的机会，从而能够具备归属感，学生的自尊心就会得到满足，为学习提供更为强大的动力。对于汽车维修专业课程来说，讨论式教学法非常有用，学生在遇到维修问题时，可以通过相互讨论的方式，在争辩中获得灵感，在合作中体现自身价值，在竞争中激发更大的潜能。

4. 角色扮演法

角色扮演法符合体验学习理论、合作学习理论。

体验学习指的是直接通过感官体验获取知识，在此过程中得到技能的提升，从而实现自我价值的过程。在角色扮演的过程中，学生可以体验到自己身份以外的不同角色，学会站在他人立场思考问题，有助于调动学生的主动性和创造性。在扮演角色的过程中，学生会体悟到不同角色的所思所想，从而能够提前进入工作状态，扮演以后所从事职业的角色，有助于学生更好地参与课堂活动，在不断探索中构建知识体系。

合作学习理论是指学生在一个小组当中进行学习活动，依据整个小组的学习情况获得一定评价的教学方法。在教学实施的过程中，由于角色扮演法涉及的角色较多，往往是不能由单独的个体去完成的，因此在组织上往往都是以小组为单位进行的。合作教学不仅可以使学生之间产生更多的交流，还可以使学生在交流、探讨中更加深入地学习，从而激发学生的学习兴趣。在汽车维修专业课中，教师可以使用角色扮演法，让学生扮演顾客、维修技师、售后服务人员等角色，让学生提前进入工作状态，在扮演角色的过程中，按照角色的特点思考问题，从而有助于学生获得更多的新想法，构建新的知识体系。

5. 直观演示法

直观演示法符合直观教学理论。

捷克教育家夸美纽斯提出，事物是一切知识的本体，他反对单纯的书本教育，强调在教育中加入实际的、对生活有用的知识[②]。同时他要求，在教学中，若不能直接观察时，应该用图片进行代替，这一思想符合直观演示法。在汽车维修

---

① 郭秀春.从马斯洛的"需求层次论"说起 [J].中国青年，2010(5): 68.

② 高杰.夸美纽斯教育思想研究 [D].长春：吉林大学，2008.

专业课程中，有许多工作原理是学生难以通过文字或教师的讲解进行理解的，因此直观演示法的能够非常好地帮助教师进行一些重点和难点的突破。另外，汽车维修中的一些常见的技巧也可以利用直观演示法对学生进行展示，这样可以使学生的学习更加直观，效果更好。

6. 头脑风暴法

头脑风暴法符合认知主义学习理论、建构主义学习理论。

认知主义学习理论认为："认知个体通过同化和顺应来达到与周围环境的平衡，当学生能够利用自己已有的经验来认知事物时，他处于一种平衡的认知状态；但是，一旦现有的经验不能够用来解释新的事物时，这种平衡就会被打破，那么这时学生就会尝试着创造新的模式来获取新的平衡。在这样的过程中，学生不断地认知新的事物，构建出新的知识，不断丰富自己的知识结构、丰富自己的思维模式。"[1] 头脑风暴法的使用就为新观点、新思想的产生创造了有利条件。

建构主义理论认为，学生在有意义的学习过程中扮演着积极的角色，所以学生能够充分体验学习的乐趣。建构主义理论强调学习的社会性，在学习过程中学习者不仅要进行学习，还要学会与他人互动和合作[2]。合作学习强调师生之间互动和相互影响的过程。建构主义合作学习以目标设计为指导，以师生之间、学生与学生之间的合作为基本动力。采取小组活动的教学形式能够减轻教学课堂中的沉闷气氛并帮助学生提高成绩。在教学中，建构主义合作学习的有效性和创造力已经得到了公认，建构主义学习理论是一种理想的教学理论，强调合作学习和小组学习的重要性，这就为头脑风暴教学法提供了理论依据。

在汽车维修专业课中，使用头脑风暴法可使学生迸发出更多的新思想，尤其适合运用在收集工作程序的设计和解决问题方面，思想与思想之间的碰撞会激发出更多可能。

7. 引导文法

引导文法符合人本主义学习理论、建构主义学习理论。

人本主义学习理论强调以学生为中心，注重启发学生的固有经验和创造潜能，引导学生结合自我认知和已有经验，肯定自己，并实现自我价值。人本主义学习理论还特别注重学习者所处的环境，认为一个良好的环境可以让学习者从自

---

① 于海涛.高中生物教学中学生合作学习模式的培养研究 [J].大众标准化，2019(14): 185, 188.
② 彭述初.建构主义理论评介 [J].湘潭师范学院学报（社会科学版），2009, 31(1): 140-141.

身出发感知世界[①]。引导文教学法借助引导问题、资料等教学文件，引发学生自主学习、独立思考的兴趣，从而使学生实现对于知识的理解和技能的掌握。不仅如此，在使用引导文教学法的过程中，除了要对引导文进行精心设计，还要对学习者周围的环境进行合理安排，这样才能够达到更好的效果。

建构主义学习理论认为，学习是引导学生从原有经验出发建构新的经验的过程，学生不应该是知识的被动接受者，而应该主动地去构建知识。引导文教学法可以使学生从引导文件入手，主动地去思考问题、制订计划、解决问题，从而达到建构新知识的目的。

8. 小组工作法

小组工作法符合合作学习理论。

合作学习理论认为，学生之间的相互影响可以促进学习。每一个学生都有其擅长的领域，通过小组工作法可以将不同学习层次的学生放在一个小组，充分发挥每一个学生的主观能动性。通过合作，所有的学生都可以学习到彼此身上的长处，并在小组工作中通过语言、动作等加深对知识的理解[②]。在汽车维修专业课中，利用小组工作法除了可以通过小组的力量使每个学生发挥他们自身的专长以外，还可以实现有效的互相监督。

9. 张贴板法

张贴板法符合认知主义学习理论。

认知主义学习理论认为，学生积极的情感特征是学生能够掌握知识的关键，也就是说学生学习成绩的高低取决于学生的学习兴趣、在学习过程中的积极程度和学生接收到的教学方法是否符合学生的特点[③]。而张贴板法能够极大地调动起学生学习的积极性，教师通过对学生的引导，使学生围绕着一个问题，尽可能多地去思考，建立更多的可能性，然后对于这些可能性进行整理、分析，最终找到解决问题的方法。张贴板法不仅能够调动起学生主动思考的意识、拓展学生的思维，还能从视觉、听觉、动作上全方位地将学生调动起来，使学生投入到课堂学习中去[④]。在中职学校汽车维修专业课中，使用张贴板法能够很好地改善学生被动学习的问题。

---

① 赵蔚新，苗怀仪. 建构主义教学观与素质教育 [J]. 吉林教育，2004(Z2): 32.

② 李淼. 德国职业教育教学理念对高职教师教学工作的启示 [J]. 现代商贸工业，2011, 23(24): 288-290.

③ 钱马懿. 教学中激发学生学习兴趣的探讨 [J]. 医学教育，1996(2): 41-42, 31.

④ 杜飞. 张贴板教学法运用探析 [J]. 高考 (综合版)，2015(11): 15-16.

二、"理实一体化"教学实践

（一）"理实一体化"教学实验设计

以《电控发动机检测与维修》课程为例。

1. 实验对象

本次实验选择了××学院汽车维修专业 2018 级中职 1 班学生为实验对象，本班共 54 名学生。全班学生都已经修完《汽车概论》《机械基础》《电工电子》《汽车发动机构造与维修》等相关专业基础课程，且全部通过考核。为了更准确地反映"理实一体化"教学实验的效果，笔者随机地将 54 名学生分为两组，每组 27 人，一组作为实验组，采用"理实一体化"的教学模式，另一组作为对照组，采用传统的教学模式。

2. 实验材料设计

（1）《电控发动机检测与维修基础测验》的设计

①测验用途

在进行教学实验前，教师先要了解两个组学生电控发动机检测与维修基础的知识和能力，将成绩平均分较低的组作为实验组进行"理实一体化"教学实验，成绩平均分较高的组作为对照组进行传统教学，从而更有利于教学效果的说明。

②实验对象

实验组与对照组学生同时进行电控发动机检测与维修基础测验。

③测验设计

此测验（见附录 2）主要考查范围涉及发动机构造与维修基础知识、安全生产知识、电学基础知识等，满分为 100 分，测验时长为 60 分钟，包括填空题、单选题、简答题、画图题四个部分。

（2）任务评价表的设计

①量表用途

此量表（见附录 3）用于后测，将学生的学习成果量化为考核分数，以此来说明"理实一体化"教学的效果。

②使用对象

实验组与对照组学生同时进行任务考核并由同一教师进行评价。

③量表设计

此量表满分 100 分，为了更全面和有效地检验教学效果，在原表的教师评分基础上加入学生自评与小组成员互评两个维度。考核项目包括职业素养、检测过程、维修结果三部分。

4. 实验变量设计

本次采用等组前后测实验设计。

（1）自变量的选择

此次研究的自变量为教学模式，包括"理实一体化"教学和传统教学两种模式。其中实验组采用"理实一体化"教学，由"理实一体化"的教师在"理实一体化"的教室中对实验组的学生按照本书归纳的"理实一体化"教学方法的应用规范进行教学活动；对照组采用传统的教学方式，学生先在理论教室进行理论知识的学习，再进入实训教室进行实训操作学习。

（2）因变量的监测

因变量为电控发动机检测与维修能力，以实验组与对照组学生任务评价表后测分数为指标，衡量两组学生教学实验后故障检测与维修的水平。

（3）无关变量的控制

在教学实验的过程中，为了排除无关变量的干扰，保证实验的准确性，需要严格控制以下无关变量。

①教师

为了避免不同教师对教学实验的影响，选取了同一位教师进行教学实验的实施。

②课时

两组学生安排相同的课时进行教学实验，避免课时数对教学的影响。

③实验对象

选取的学生年龄、性别、成绩均相当，避免了实验对象自身之间的差异。

④教学内容

两组学生使用相同的教材。

⑤期望效应

为了避免实验教师主观因素对教学评价的影响，在教学实验最终的任务评价环节，选取了另外一名汽车维修专业教师进行评价，评价时将实验组与对照组学生的顺序打乱。

（二）"理实一体化"教学实验的实施

1. 实验过程

（1）教学实验内容

本教学实践以《电控发动机检测与维修》这门课程为例，对于"理实一体化"教学方法进行了深入探究与实践。

（2）"理实一体化"教案的编写

为更好地说明"理实一体化"教学模式在教学环节中的作用，特列举《电控发动机检测与维修》项目二任务"曲轴/凸轮轴位置传感器故障诊断与排除"作为案例进行教案的编写，将"理实一体化"的思想体现在其中[①]，如表8-3所示。

表8-3　曲轴/凸轮轴位置传感器故障诊断与排除教案

<table>
<tr><td>课程名称</td><td>电控发动机检测与维修</td><td>授课对象</td><td>实验组</td><td>课时</td><td>6</td></tr>
<tr><td>教学任务</td><td colspan="5">曲轴/凸轮轴位置传感器故障诊断与排除</td></tr>
<tr><td>授课地点</td><td colspan="5">电控发动机"理实一体化"教室</td></tr>
<tr><td rowspan="4">教学目标</td><td>知识与技能</td><td colspan="4">①能通过问询等方式了解车辆信息，会查阅相关维修资料
②能通过观察车辆故障现象，制定可行的维修计划
③能正确选择检测和诊断设备
④能对曲轴位置、凸轮轴位置传感器电路进行检测
⑤能按照正确操作规范进行曲轴位置、凸轮轴位置传感器的更换
⑥能正确检查曲轴位置、凸轮轴位置传感器故障的修复质量</td></tr>
<tr><td>过程与方法</td><td colspan="4">①通过案例引入本次课程内容，创设学习情境，引发学生思考
②利用小组学习法，给学生分配角色、分配任务，让学生在模拟的汽车维修真实情景中锻炼自己，提高自我管理能力、团队协作能力以及语言表达能力
③在完成教师布置的学习任务这一过程中，学生学会自主学习，探究问题，培养其独立思考的能力和解决问题的能力
④学生将自己的学习成果进行展示、交流、讨论，拓展学生知识面，增强学生自信心</td></tr>
<tr><td>情感、态度与价值观</td><td colspan="4">①在教学中，激发学生的学习兴趣，组织学生体验真实工作场景，使学生早日适应工作岗位
②在教学中，培养学生勤劳、踏实的职业道德素养，严谨的工作作风和良好的心理素质。
③通过思考与交流，使学生养成勤于思考、善于思考的好习惯，增强学生团队合作意识</td></tr>
<tr><td>教学重点</td><td colspan="4">能熟练掌握电控发动机诊断与维修工具的使用方法，并对故障进行维修</td></tr>
<tr><td colspan="2">教学难点</td><td colspan="4">能根据故障现象制订维修计划</td></tr>
</table>

① 王亚琳. 中专专业课程理实一体化教学实验研究——以《车削加工技术》为例 [D].贵阳：贵州师范大学，2018.

教学资源	学习材料	教材、课件、学习任务书
	媒体教具	教学一体机、网络教学平台
	设　备	电控发动机检修实训台
	工具设备	万用表、KT600、示波器
学情分析	知识基础	①学生已经有一定理论基础，学习过《机械基础》《电工电子》《汽车发动机构造与维修》等相关专业基础课程 ②学生已对发动机各零部件结构、作用有一定的了解，有一定的学习基础
	能力水平	①学生对专业有一定热情，但理解能力相对较弱，学习习惯不好 ②学生已具备学习本任务的基础，会使用检测仪器，对万用表、解码器的使用方法掌握较好
	个性特征	①有较强的好奇心，但学习专注力较差，导致理论基础较薄弱 ②较少进行课前预习，课上注意力难以集中，课后基本很少回顾知识
教学方法	行动导向教学法	行动导向教学法通过资讯、计划、决策、实施、检查、评价这六个步骤将整堂课串起来，帮助学生明确任务，体现以学生为主体、教师为主导的教学方法
	讲授法	讲授法用以帮助学生明确任务点，指导学生进行维修作业，另外，当学生出现的问题较集中时，可以通过讲授法进行讲解。
	示范法	在示范法的教学过程中，教师必须要向学生演示操作过程，并让学生通过观察来进行模仿
	任务驱动法	任务驱动法反映在整个教学过程中，创设一个情境并调动学生的学习热情；通过任务分析，让学生在具体的任务中实践；通过严谨的示范和规范的小组管理，强化"5S"管理；通过展示评价，使学生体验到成就感
	问题教学法	问题教学法也反映在整个教学过程中，一方面，教师应继续要求学生、指导学生完成学习任务；另一方面，教师不直接给学生答案，而是通过启发和指导帮助学生积极思考和积极发现
	头脑风暴法	头脑风暴法用于学生之间的讨论和交流，教师应引导学生围绕学习任务积极讨论、勇于发言，打开学生思路
	案例教学法	通过真实的维修案例，学生对于学习产生兴趣。在分析案例的过程中，学生跟随教师思路，积极思考，获得知识的迁移
	角色扮演法	通过划分小组，学生扮演顾客、服务顾问、维修技师等角色，这样不仅使学生学习了汽车维修知识，更有助于学生了解岗位职责，为就业打下基础
	小组工作法	教师根据学生的基本情况进行分组，按照能力水平强弱搭配，通过组内互助来缩小学生之间的差距。同时，组内成员之间可以进行相互监督与合作，提高工作效率

<table>
<tr><td></td><td>阶段</td><td>教师活动</td><td>学生活动</td><td>教学方法</td><td>设计意图</td><td>学时</td></tr>
<tr>
<td rowspan="2">理实一体化教学设计</td>
<td>资讯</td>
<td>①明确本节课工作任务，并向学生展示故障车辆
②向学生分发任务工单和实训车辆维修资料
③采用 PPT 课件讲解曲轴位置 / 凸轮轴位置传感器工作原理及其检修方法
④接受学生咨询</td>
<td>①接受教师提出的工作任务并听取教师对曲轴位置 / 凸轮轴位置传感器内容的讲解
②进行环车检查问诊单的填写和车辆维修委托书的填写
③在阅读课件，查阅维修手册、学生手册，访问网络教学资源平台观看相关视频后填写任务工单中的资讯部分</td>
<td>行动导向教学法、引导文法、讲授法</td>
<td>①以工作任务驱动有助于增加学生的参与度。
②填写问诊单和委托书有助于学生提前感知工作场景，提高学生学习的主动性、积极性，使其主动适应企业需求
③通过让学生自主查阅资料、学生手册、课程网站等内容，培养学生收集、整理信息，分析问题，解决问题的能力</td>
<td>150分钟</td>
</tr>
<tr>
<td>计划</td>
<td>①审核学生制订的工作计划
②对工作计划提出修改意见
③接受学生咨询并监控学生的讨论</td>
<td>①学生分为小组，以小组为单位讨论故障排除工作计划
②小组代表汇报工作计划</td>
<td>头脑风暴法、小组工作法、张贴板法</td>
<td>①帮助学生审核计划、接受学生咨询有助于帮助学生快速提升学习效果
②通过小组讨论法使学生增强团队协作能力，沟通协调能力
③通过小组代表汇报工作，培养学生表达能力</td>
<td>40分钟</td>
</tr>
</table>

理实一体化教学设计	决策	①指导学生修改计划。②接受学生咨询并监控学生的讨论	①选择和修改计划②选择需要使用的工具、检测仪器	张贴板法	①培养学生决策能力	20分钟
	实施	①在学生操作过程当中进行监察及时发现问题，纠正学生错误②回答学生提出的问题③对学生的检测结果进行检查	①读取故障码②动态检测③静态检测④更换故障部件⑤将数据记录在工单中并对数据进行分析	任务驱动法	①培养学生专业技术能力②培养学生分析问题的能力	90分钟
	检查	①检查各组学生工作情况。②检查发动机维修质量	①检查故障灯点亮情况②检查发动机运行情况③整理工作现场，5S管理	任务驱动法	①培养学生完工自检的习惯，优化工作流程②整理工作现场，培养学生良好素质素养	40分钟
	评估	①对各小组工作任务的完成情况进行评估②提出改进意见和注意事项	①学生进行自我评估②组长对组员进行评估③推选最优团队和小组之星	小组工作法	①反思学习中出现的问题，培养学生养成良好习惯②评选推优，使学生获得成就感，正向激励，培养学生自信	20分钟

（3）"理实一体化"教室的布置

根据课程需要布置"理实一体化"教室，在普通实训教室的基础上增加教学一体机、教师工作区、讨论区、资料查询区、白板等，使一体化教室功能布局最大化，教师能够利用各种教学方法推进一体化教学，有助于提高其教学效果。"理实一体化"教室布置如图8-3所示。

"理实一体化"教室布置

教学一体机

白板

教师工作区

讨论区

资料查询区

实训设备一

实训设备二

实训设备三

实训设备四

实训设备五

实训设备六

工具存放区

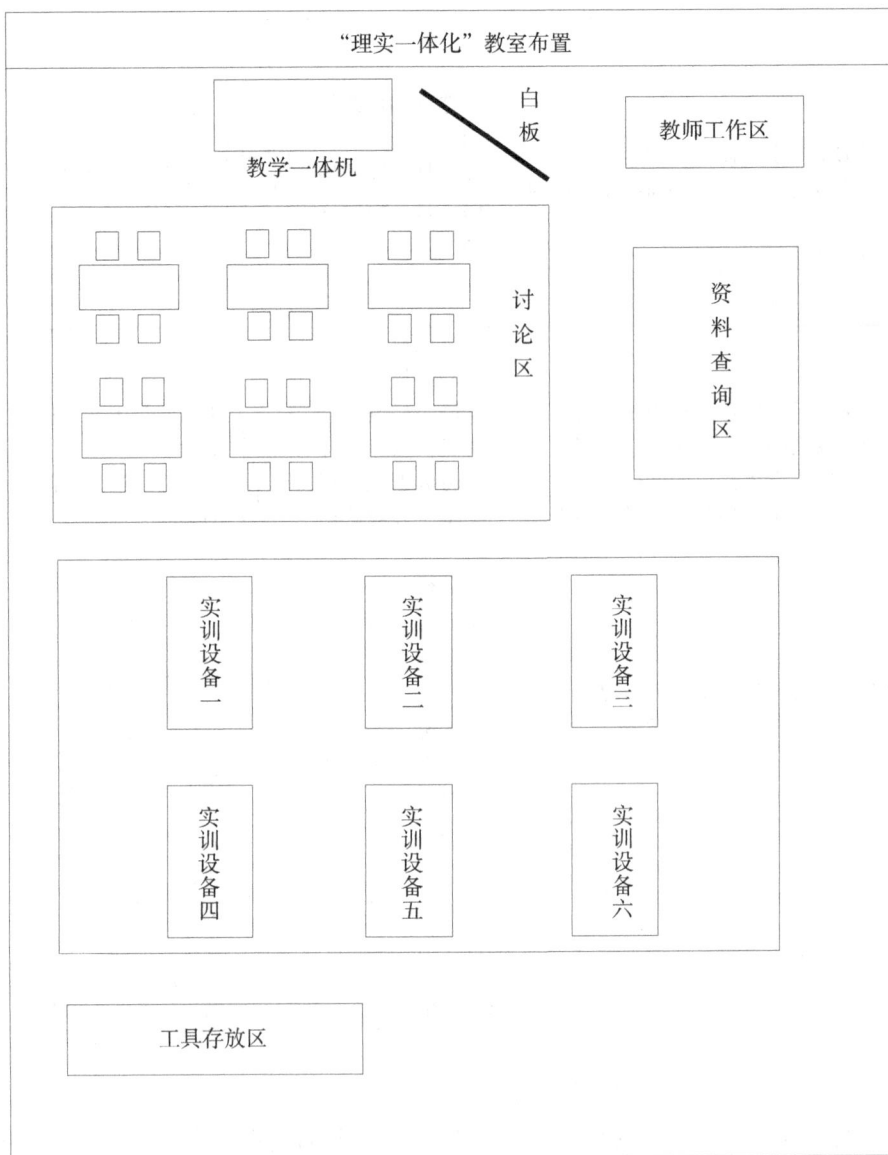

图 8-3 "理实一体化"教室的布置

①教学一体机

教室前部放置教学一体机，可实现教学课件、教学视频的展示，通过"学习通"App 与学生的手机进行连接，使学生的问题、想法实时展示到一体机上，实现师生之间的交互，其还可通过实时连线，与企业维修技师视频，解决学生的疑难问题，增强学生学习兴趣。

②白板

白板可用于书写板书。在使用张贴板教学法进行教学时，可以白板为工具进行问题的讨论及流程的制定。

③讨论区

可在讨论区中摆放上方桌，学生围绕方桌而坐，在进行维修计划的制定时便于学生分组讨论。

④教师工作区

在教师工作区放置教师授课所用的教材、教案、工作页等教学材料，方便教师授课。

（4）工作页的编写

为了更好地配合"理实一体化"教学的开展，为实验组学生编制了与教案相匹配的工作页，以任务为驱动引领学生学习。工作页的编写旨在让学生在工作页的引导下完成课程任务的学习，学会查找资料、制订工作计划、决定维修方案、实施维修方案、检查维修后效果、评估自己的工作成果。因此，本工作页依据行动导向教学法，通过资讯、决策与计划、实施、维修后检查、评估 5 个步骤，使学生完成整个工作任务，在完成工作任务的同时学会课程的对应知识，下面以"曲轴 / 凸轮轴位置传感器故障诊断与排除"为例，讲解工作页的编写过程，如表8-4 所示。

表 8-4　曲轴 / 凸轮轴位置传感器故障诊断与排除

汽车发动机电子控制系统传感器故障诊断与排除	曲轴 / 凸轮轴位置传感器故障诊断与排除	学　时	6	成　绩	
姓　名		班　级		学　号	
设　备		场　地		日　期	

任务目的	订制工作计划，利用诊断设备确定故障，并对故障部件进行检测维修，必要时更换
任务要求	1. 能通过与客户交流、查阅相关维修技术资料等方式获取车辆信息 2. 能根据故障现象制订正确的维修计划 3. 能正确选择诊断设备，对曲轴位置传感器、凸轮轴位置传感器引起的故障进行诊断 4. 能正确记录、分析各种检测结果并做出故障判断 5. 能按照正确操作规范进行曲轴位置传感器、凸轮轴位置传感器的更换 6. 能进行团队成员间的有效沟通与协同作业 7. 能根据环保要求，正确处理对环境和人体有害的废料和损坏的零部件 8. 能根据 5S 管理规定进行现场操作

一、资　讯

1. 常见的曲轴位置传感器与凸轮轴位置传感器的类型
2. 曲轴位置传感器的作用及曲轴位置传感器出现故障后发动机有哪些故障现象
3. 凸轮轴位置传感器的作用
凸轮轴位置传感器出现故障后发动机有哪些现象
4. 下图是 AJR 发动机曲轴位置传感器与 ECU 连接图，请填写以下内容

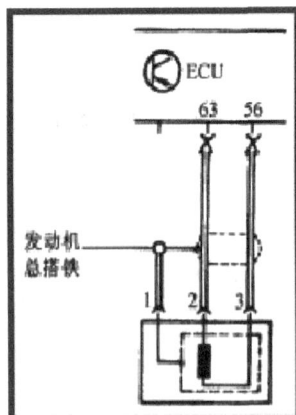

（1）叙述曲轴位置传感器的工作原理
（2）检测 2 号与 3 号端子间电阻，阻值应为多少
（3）若阻值无穷大，线圈断路，应更换传感器

续　表

5. 下图是 AJR 发动机凸轮轴位置传感器与 ECU 连接图，请填写以下内容

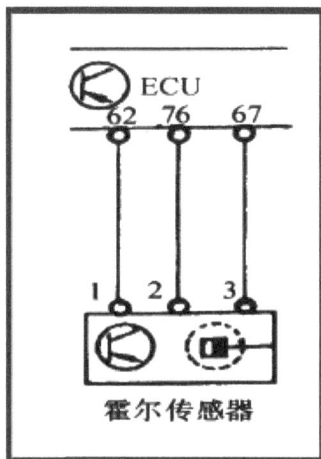

（1）叙述凸轮轴位置传感器的工作原理：

（2）拔下凸轮轴位置传感器插头，打开点火开关，测量传感器插座上端子 1 和 3 之间的电压，其值应为多少

（3）测量插头端子 2 和 3 间的电压，应接近多少

（4）端子 3 与搭铁之间的阻值应该为多少

二、决策与计划

请根据故障现象和任务要求，确定所需要的检测仪器、工具，并对小组成员进行合理分工，制订详细的诊断和修复计划

1. 需要的检测仪器、工具

2. 小组成员分工

3. 诊断和修复计划

三、实　施

1. 启动发动机，观察发动机状况

2. 诊断过程及结果

（1）曲轴位置传感器检测

①关闭点火开关，连接解码器，打开点火开关，读取故障代码后清除故障码，运行车辆后再读取故障码

②电阻检测

a. 关闭点火开关，拆下传感器线束插头，用万用表测量传感器电阻

b. 启动发动机，测量信号电压

c. 示波器检测

波形图	波形分析

d. 诊断结果

（2）凸轮轴位置传感器检测

①关闭点火开关，连接解码器，打开点火开关，读取故障代码后清除故障码，运行车辆后再读取故障码

②电阻检测

a. 关闭点火开关，拆下传感器线束插头，打开点火开关，使用万用表测量线束端电源端子和搭铁端子之间电压值

b. 打开点火开关，测量信号电压；使用万用表测量信号端子和搭铁端子之间电压值；启动发动机怠速运转

c. 示波器检测

波形图	波形分析

d. 诊断结果

四、维修后检查

故障排除后，进行如下检查：

1. 检查发动机机械部分是否正常
2. 检查发动机各线束有无松动
3. 启动发动机，观察发动机情况是否正常

五、评　估

1. 请根据自己任务完成的情况，对自己的工作进行自我评估，并提出改进意见
2. 请根据任务完成的情况，小组进行评价，并提出改进意见
3. 教师对学生工作情况进行评估，并给出成绩

课堂表现（10分）	工单完成（20分）
任务分析（10分）	安全操作（10分）
计划制订（20分）	任务实施（30分）
学生本次任务成绩：	

※ 注：学生如不服从指导教师管理或严重违反安全操作规程成绩按 0 分处理。

（5）实验前测

运用《电控发动机检测与维修基础测验》对汽车维修 2018 级中职 1 班全体同学同时进行测验，由同一名教师进行阅卷，测验的成绩作为前测数据。其中，A 组平均成绩为 56.26 分；B 组平均成绩为 59.70 分。本次研究为了突显教学效果，选用分数较低的 A 组作为实验组，进行"理实一体化"教学，分数较高的 B 组则为对照组，按传统方式进行教学。

（6）教学实验

实验组和对照组按照计划分别进行教学实验，为期 8 周。其中，A 组在"理实一体化"教室中接受"理实一体化"教学；B 组前 4 周在多媒体教室中接受理论教学，后 4 周在实训场进行集中操作训练。

（7）实验后测

在 8 周的学习结束后，由教师组织 A 组与 B 组全体学生进行电控发动机检

测与维修考核，考核时打乱学生考核顺序，同时要求学生进行小组评价和自我评价。教师根据学生现场操作表现对任务评价表中的安全性、诊断过程与维修结果三部分进行当场评分。

2.研究的结果

（1）电控发动机检测与维修基础测验前测结果

将 A 组与 B 组学生在《电控发动机检测与维修基础测验》测验中的得分分组录入 SPSS 系统，并对 A 组与 B 组学生的成绩分数进行独立样本 t 检测，检测的结果如表 8-5 所示。由于 A、B 组数据是完全随机设计的两个独立样本，笔者通过 t 检验对其平均数进行比较。公式为

$$t = \overline{x_1} - \overline{x_2} / \sqrt{(n_1-1)S_1^2 + (n_2-1)S_2^2 / (n_1+n_2-2)(1/n_1 + 1/n_2)} \qquad （8-1）$$

其中，n_1、n_2 分别为两组样本的个数，S_1^2、S_2^2 分别为两组的方差，$\overline{X}_1$、$\overline{X}_2$ 分别为两组的平均数。

表 8-5　A 组与 B 组前测成绩差异检验结果

t 检验分析结果					
分析项	项	样本量	平均值	标准差	t	p
前测成绩	A	27	56.26	10.06		
	B	27	59.70	8.96	−0.014	0.989
	总计	54	57.95	9.43		

从表 8-5 可知，由前测成绩的平均值可以看出，A 组和 B 组学生的理论基础知识均较为薄弱，其中 A 组的前测成绩低于 B 组，但利用 t 检验去研究组别对于前测成绩的差异性可知，A 组与 B 组前测平均成绩并不存在显著差异性（$p >$ 0.05），因此可以用 A、B 两组作为实验组和对照组。根据两组前测成绩，为突出"理实一体化"教学模式的实验效果，此次将 A 组（平均成绩较低，为 56.26）作为实验组，B 组（平均成绩较高，为 59.70）作为对照组。

（2）《电控发动机故障检测与维修》能力后测结果

从表 8-6 可知，第一，实验组与对照组全部学生得分都在 60 分以上，说明所有被测试学生都已基本掌握了电控发动机故障检测与维修的方法；第二，实验

组 92.6% 的学生的成绩在 70 ~ 90 分之间，说明"理实一体化"的教学效果合格，另外对照组学生成绩集中于 70 ~ 90 分之间的只有 40.74%；第三，实验组有 55.56% 的人达到 80 分以上，而对照组达到 80 分以上的人数比例只占 29.63%。这说明"理实一体化"教学效果优于传统教学。

表 8-6　实验后被试故障检测与维修能力后测评分分布情况（n=27）

	MAX	MIN	60 ~ 70		70 ~ 80		80 ~ 90		90 ~ 100	
			人数	百分比	人数	百分比	人数	百分比	人数	百分比
实验组	67	89	2	7.4%	10	37.04%	15	55.56%	0	0%
对照组	61	90	15	55.56%	4	14.81%	7	25.93%	1	3.70%

由表 8-7 可知，实验组学生的后测总分（79.52 ± 5.93）和对照组学生的后测总分（71.88 ± 9.32）均超过 60 分，说明教学质量合格。由独立样本 t 检验的结果可知，实验组学生与对照组学生在检测过程和后测成绩的得分均存在显著差异。实验组学生后测成绩平均值 79.52 分明显高于对照组学生后测成绩平均值 71.88 分，两组学生后测平均成绩相差 7.64 分。在检测过程的得分中，实验组的平均成绩为 38.52 分，明显高于对照组 32.72 分，两组学生平均成绩相差 5.8 分。可见，"理实一体化"教学更能提高学生的电控发动机检测与维修技能，尤其对于总体成绩以及操作过程这两方面的提高尤为明显。

表 8-7　实验组与对照组后测成绩差异检验结果（n=27）

	t 检验分析结果			
	组别（平均值 ± 标准差）			
	A（n=27）	B（n=27）	t	p
后测成绩	79.52 ± 5.93	71.88 ± 9.32	3.459	0.001**
职业素养	25.44 ± 1.47	24.80 ± 1.66	1.442	0.156
检测过程	38.52 ± 4.09	32.72 ± 6.28	3.871	0.000**
维修结果	15.56 ± 1.92	14.36 ± 3.11	1.643	0.107

注：** 表示 $p < 0.01$。

（3）问卷调查结果分析

在进行了考核以后，对实验班学生又进行了教学实验的后测问卷（附录 4），本问卷主要从对"理实一体化"教学方法的喜爱程度、教师课堂实施情况及学生能力提升情况三个维度进行调查，问卷以当面发放、当面回收的方式进行，共发放27份，回收27份，全部有效。对被测试故障检测与维修后测结果和本问卷调查结果进行分析，均能得出在使用了归纳的"理实一体化"教学模式的教学方法后，学生的成绩及其综合能力都有了显著提高，也从另一个侧面佐证了归纳的"理实一体化"教学方法的有效性和正确性，分析结果如下。

"理实一体化"教学模式在实际教学过程中取得了很好的效果，与传统的教学方法相比，有96.3%的学生更喜欢"理实一体化"教学模式；而在教学方法的选择上，81.48%的学生认为，教师选择的教学方法非常合理，9.25%的学生认为，教师选择的教学方法较为合理，与之前问卷调查的结果相比，学生对于此项的满意度有了较大幅度的提高。

从图8-4可以看出，采用"理实一体化"教学模式进行教学后，教师的课堂组织方式也发生了转变，85%的学生认为，自己是在教师的启发下进行自主学习、合作学习，15%的学生认为，本节课是以教师的启发为主，师生互动较频繁。可见，在利用"理实一体化"教学方法进行授课后，学生在课堂上的主体地位得到突显，这有利于发挥学生的主观能动性，真正形成了以学生为主体、教师为主导的教学模式。

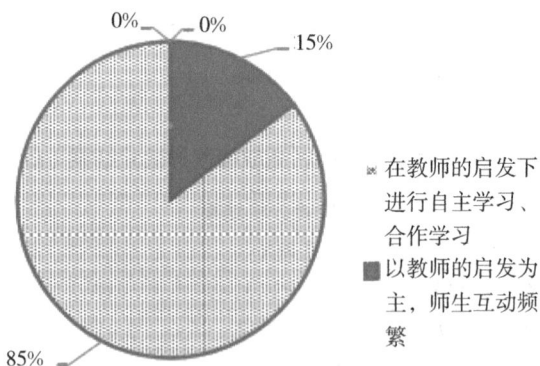

0%　0%　15%

在教师的启发下进行自主学习、合作学习

以教师的启发为主，师生互动频繁

85%

图8-4　教师课堂教学组织方式

在对教师课堂满意度的调查中，79.63%和11.11%的学生分别选择了非常满意和满意，学生对教师教学安排的满意度大大提高，学生的学习积极性被激发，有助于学生更好地融入课堂，提升教师教学效果。

在对学生能力提升情况的调查中，如图8-5所示，88.89%的学生表示，自己分析问题、解决问题的能力得到了提升，96.3%的学生认为，自己的团队协作能力得到了提高，92.59% 的学生认为，自己的实际操作技能水平得到了提高，90.74% 的学生认为，自己的职业综合素质有了明显提高。通过分析可知，"理实一体化"教学方法的合理应用对学生综合素质的提高有很大帮助，可以为学生将来的就业打下良好的基础。

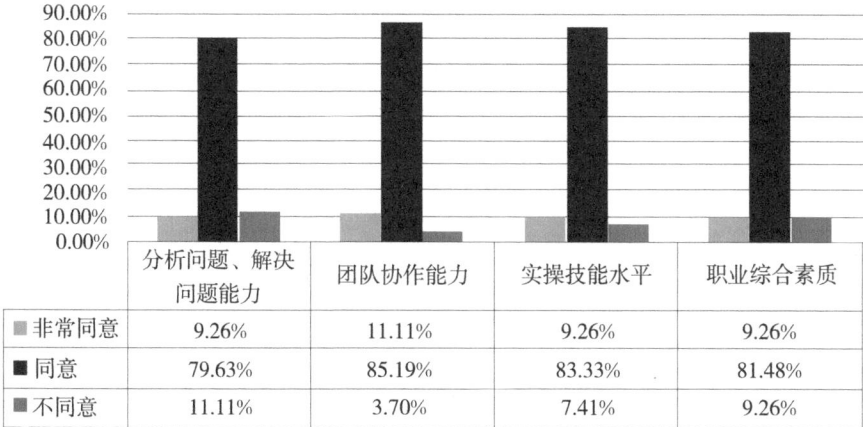

	分析问题、解决问题能力	团队协作能力	实操技能水平	职业综合素质
■非常同意	9.26%	11.11%	9.26%	9.26%
■同意	79.63%	85.19%	83.33%	81.48%
■不同意	11.11%	3.70%	7.41%	9.26%

图 8-5　能力提升情况

下篇

成果创新篇

第九章　关于重庆市九龙坡职业教育中心的情况介绍

第一节　学校简介与校企合作概况

一、学校概况

（一）学校简介

重庆市九龙坡职业教育中心是一所全日制公办中等职业学校，创建于1948年，是国家级重点中等职业学校，国家中等职业教育改革发展示范学校，重庆市高水平中职学校建设单位。学校占地约0.13平方千米，建筑面积9万多平方米，现有教职工400多人，在校学生6000余人。学校是"重庆市文明单位""重庆市安全文明校园""重庆市依法治校示范学校""国家教育部重点课题实验学校""教师及教育管理干部培训机构候选名录库入围资质采购"单位和中国教师研修网战略合作单位。

学校坚持"德技双全、身心两健、自立自强、敬业进取"的校训，大力弘扬劳模精神和工匠精神；"务实求精、敬业奋进"成为学校最显著的时代风尚；"升学有道、就业有成"成为学生最鲜明的特色。学校一直坚持内涵发展、质量至上的原则，大力提升教师队伍的整体素质，提升学生的职业素养和专业技能水平，取得了显著成效。近五年，教师参加教育教学竞赛共获得7个全国一等奖。学生连续五年参加中职学生专业技能大赛，获得4个全国一等奖，5个全国二等奖，10个全国三等奖，41个重庆市一等奖。学校参加全国文明风采大赛，连续六年获得"全国优秀组织奖"荣誉称号。

学校开设有汽车运用与维修、计算机应用、会计、航空服务、旅游服务与管理、工业机器人技术应用、电子与信息技术、数控技术应用、机电技术应用等十多个与社会行业发展相关的热门专业。学校现有6个实训中心、48个专业实训室，实训设备价值四千多万元。校园环境优美，各方面设施完善，是学生学习生活的好地方。学校与高等院校开展校校合作，拓宽学生的升学渠道，已开通了高职高考、"3+4""3+2"等多种形式的升学途径。学校与各大工业园区、知名企业开展校企合作，畅通学生的就业渠道，毕业学生就业对口，待遇优厚，供不应求。学校与知名企业开展校企合作，建立了"蚁聚九龙众创空间"，为学生创建了创新创业平台。学校还与德国、澳大利亚等国开展国际合作，开办精品班，培养了具有国际标准的技能人才。

学校深入推行"工学结合""产教融合"办学模式，建成有电子商务、航空服务等六个市级重点特色专业，是重庆四大国家级和省（市）级工业园区的定点人才培养基地。每年为企业输送近 2 000 名高素质技能型人才，被评为"重点产业人力资源保障工作成绩突出集体"和"国家信息化人才培养示范基地"。

学校建成了"五心一化"的数字化校园，学校网络全部接入教育城域网，网络出口带宽为 10 G，学校主干网络为千兆传输，到终端设备为千兆，校园网络全覆盖。

（二）校内教师简介

谢云峰：高级讲师，重庆市骨干教师，重庆市交通运输类教学指导委员会委员，重庆市教育评估院专业建设指导专家，九龙坡区优秀教师，九龙坡区优秀党员，主持和参与编写了《汽车检测与维护》等 9 本公开出版教材。

黄钧浩：男，现任重庆市九龙坡职业教育中心汽车部部长，中共党员，讲师，中级双师型教师，汽车维修工技师，国家职业技能鉴定考评员。2014 年，参加重庆市交通运输类"韬益杯"理实一体优质课竞赛获一等奖。2015 年，参加全国"创新杯"教师信息化设计和说课比赛，获市赛一等奖，国赛二等奖；2015 年，参加第十五届全国多媒体课件比赛，获市赛一等奖，国赛二等奖；同年，参加重庆市第八届中等职业学校技能大赛（教师组）获二等奖。2017 年，指导学生参加重庆市"文明风采"竞赛获一等奖；2017 年参加"凤凰创壹杯"重庆市中等职业学校信息化教学大赛获三等奖。2019 年，参加第五届"立信杯"全国职业院校教师能力大赛新能源汽车技术赛项获一等奖；2019 年，指导学生参加重庆市第十二届中等职业学校技能大赛获机电项目二等奖。2020 年，获全国职业院校技能大赛教学能力比赛一等奖。2016—2018 年，连续三年年度考核为优秀；2019 年，被评为九龙坡区"成绩突出教育工作者"。

张志强：高级讲师，重庆市骨干教师，汽车维修检验高级技师，高级双师型教师，机械工业出版社现代汽车编写委员会主任，重庆大学汽车编写委员会委员，主持和参与编写了《汽车检测与故障诊断》等 15 本公开出版教材。

肖茂：高级讲师，区级骨干教师，汽车维修工高级技师，高级双师型教师，编写了《汽车电气构造与维修》等 5 本教材，指导学生参加技能比赛，获国赛三等奖 2 项，市赛一等奖 1 项，市赛二等奖 5 项。

二、校企合作概况

（一）企业概况

重庆合信汽车科技有限公司隶属于重庆合信原力实业（集团）有限公司，是重庆市汽车维修协会常务副会长单位兼人才专委会主任单位、重庆市民营企业协会副会长单位、重庆市创新教育学会副会长、重庆市职业教育学会产教融合联盟副理事长单位，重庆市首批产教融合型企业，并荣膺"重庆十佳爱心企业""十佳创新企业"等荣誉称号。

公司致力汽车后市场服务发展，深耕行业 20 年，并战略投资了重庆之星豪车维修、汇阁仕汽车电子维修连锁、4S 店等多家优质汽车后市场企业，公司秉承"汽车＋教育"深度产教融合为战略发展方向，以重庆市汽车维修行业协会为平台支撑，以数万家汽车后市场企业为就业依托，深度整合行业、企业、院校的资源搭建行业与院校合作的纽带和桥梁，该公司现已与多所职业院校建立了深度校企合作关系，在汽车人才培养（含新能源汽车、5G 智能网联汽车）、双师型教师打造、汽车专业建设、学生生涯规划等方面进行深度融合，积极构建校行企长效合作机制命运共同体，合信公司本着"创新校企合作、服务职教发展、弘扬工匠精神、成就汽车精英"的企业精神，为真正实现企业与行业、院校的共赢而不懈奋斗。

（二）合作企业技师概况

技术总监：沈建军

·高级技师

·从事高端汽车维修 10 年

·先后在温州等地豪车汽车专修企业担任技术总监

·精于宝马车辆的维修，重庆本地宝马维修的知名专家

·宝马高级培训师，宝马工程师

车间主管、路虎技术总监：刘贵明

·技师

·专注捷豹路虎维修 10 年，曾任职捷豹路虎 4S 店并担任技术总监一职

·取得捷豹路虎厂家四级高级技师认证

·获得技术内训师培训认证

·拥有过硬的路虎车辆故障诊断及维修技术和丰富的车间管理经验

奥迪技术总监：刘海涛

·高级技师

·从事豪华汽车维修 10 年，奥迪专修 7 年

·先后在成都、上海、重庆担任奥迪技术总监

·通过奥迪精保培训及奥迪工程师培训等多项培训

·精通大众、奥迪、保时捷汽车维修

第二节　学校的汽车专业情况

一、汽车工程部情况介绍

（一）汽车运用与维修专业先后参加五个市级及以上的项目建设

汽车运用与维修专业开办于 1989 年，2012 年成为国家示范中职学校重点建设专业，并于 2014 年顺利通过验收。2015 年申报建设成为重庆市市级汽车实训基地，2019 年成功申报重庆市汽车双基地建设和现代学徒制试点项目，并顺利完成全国首批 1+X 证书制度考评项目，先后成为重庆汽车职教集团理事单位、职工

培训基地、老年培训大学基地，多次承办区交通运输管理所和区道路运输协会主办的行业技能大赛，多次承担周边区县交通行业部门组织的培训任务。新能源汽车维修专业于 2018 年成功申报为重庆市首批紧缺骨干建设专业。

（二）本专业教育教学成果显著

1. 办学规模稳中有升，学生就业形势良好

近三年，本专业学历教育在校生人数稳中有升，本专业现有教学班 29 个，学生人数 1 215 人。毕业生就业率 100%，对口就业率 90% 以上。

2. 教师队伍结构合理，个人业务水平精湛

现有专业课教师 36 人，具有高级讲师以上职称 12 人，具有行业高级以上职业资格 24 人，具有国家技能鉴定考评员资格 11 人，具备高级以上从业资格 24 人，5 名教师被企业聘为培训讲师；市级骨干教师 5 人，区级骨干教师 8 人，双师型教师比例达 100%。聘请企业专家任兼职教师 12 人，比例达到 30%。教师参加全国"创新杯"信息化比赛、重庆市"优质课"等比赛多次获得一等奖；教师辅导学生参加全国中职学生技能大赛、重庆市技能大赛多次获奖。学校累计完成汽车维修工四级鉴定 5 000 余人，近五年，年均完成汽车维修工技能鉴定 500 人，近三年，年均完成取证类社会培训 300 人／次。

（1）教师参赛，成绩优异

2013 年至今，本专业教师积极参加各级各类比赛，荣获多项奖项，如表 9-1 所示。

表 9-1　本专业教师积极参加各级各类比赛

序　号	时　间	教　师	比赛／教研活动	获奖等级
1	2013 年	达贵纯	全国创新杯说课比赛	全国一等奖
2	2014 年	黄钧浩	重庆市交通运输类优质课	市一等奖
3	2014 年	黄钧浩	重庆市技能比赛（教师组）	市二等奖
4	2015 年	黄钧浩	全国多媒体课件比赛	全国二等奖
5	2015 年	向梦竹	重庆市技能比赛（教师组）	市二等奖
6	2015 年	黄钧浩	重庆市技能比赛（教师组）	市二等奖
7	2017 年	武莉、黄钧浩、何旭	重庆市凤凰创壹杯信息化	市三等奖
8	2018 年	武莉	全国新媒体教学课评比	全国三等奖
9	2020 年	李钦	全国职业院校微课大赛	全国二等奖
10	2020 年	陈志强	全国职业院校微课大赛	全国二等奖

（2）教研示范，成果发表

2013 年至今，本专业教师积极参与教学研究，撰写多篇论文并发表，如表 9-2 所示。

表 9-2　本专业教师积极参与教学研究

序　号	论文题目	期刊名称	作　者	时　间
1	《〈汽车机械基础〉的信息化教学》	《科学咨询·职教创新》	达贵纯	2013.12
2	《培养实作辅导员，提升学生整体技能水平》	《科学咨询·职教创新》	武莉，谢云峰	2013.12
3	《专业教师企业锻炼五步走——双师型教师培养模式改革》	《科学咨询·科技与管理》	谢云峰，武莉	2014.02
4	《提高班级管理能力，促进职高学生健康成长》	《教育现代化》	武莉	2016.07
5	《关于汽车维修职业培训问题的对策研究》	《中国校外教育》	武莉	2016.07
6	《职教汽车专业仿真生产线装调期间安全管控技术》	《现代职业教育》	刘富天	2017.12
7	《影响中职汽车专业实训教学质量的因素及改善建议》	《科学导报》	刘富天	2017.12
8	《理实一体化教学在中职汽车维修专业教学中的应用》	《课程教育研究：学法教法研究》	李钦	2018.04
9	《关于汽车专业实训教学浅析》	《教育》	武莉	2019.12
10	《桑塔纳 AJR 电控发动机空气流量计的检测与波形分析》	《科教新时代》	张志强	2013.08

（3）专业教学成绩好

2013 年至今，本专业积极组织学生参加各项技能比赛，多次荣获市级以上奖项，如表 9-3 所示。

表 9-3　本专业积极组织学生参加各项技能比赛

序　号	参赛项目	获奖等级	获奖时间	学生姓名	指导教师
1	二级维护	市一等奖	2013 年	罗秉帅，彭芳	李万伟
2	汽车维修基本技能	市二等奖	2013 年	胡东林	吴安云
3	汽车维修基本技能	市二等奖	2013 年	罗成	吴安云
4	汽车维修基本技能	市二等奖	2013 年	程柯荣	吴安云
5	汽车空调维修	国赛三等奖	2014 年	徐腾仙	肖茂
6	汽车空调维修	市二等奖	2014 年	徐腾仙	肖茂
7	二级维护和车轮定位	市二等奖	2014 年	方腾，黄高祥	李万伟
8	汽车空调维修	国赛三等奖	2015 年	许海	肖茂
9	汽车空调维修	市一等奖	2015 年	许海	肖茂
10	二级维护和车轮定位	市二等奖	2015 年	苏小山，谢杰	李万伟
11	汽车空调维修	市二等奖	2015 年	肖瑶	肖茂
12	车身修复（钣金）	市二等奖	2015 年	邱华	程洪良
13	汽车空调维修	市二等奖	2016 年	周诗权	肖茂
14	汽车钣金	市三等奖	2017 年	胡州	程洪良
15	车身涂装	市三等奖	2017 年	曹磊	蔡洪涛
16	车身修复	市三等奖	2018 年	李卓林	陈志强
17	机电维修综合	市二等奖	2018 年	颜峰	肖茂
18	车身涂装	市二等奖	2018 年	易智浩	蔡红涛
19	车身涂装	市二等奖	2019 年	耿怀伟	李钦
20	车身修复	市二等奖	2019 年	黄浩	程洪良

序　号	参赛项目	获奖等级	获奖时间	学生姓名	指导教师
21	汽车机电维修	市二等奖	2019 年	刘森	李万伟
22	汽车机电维修	市二等奖	2019 年	周贵贤	黄钧浩

（三）社会服务成效

2017—2020 年，本专业学历教育在校生人数稳中有升，学校已成为汽车行业技能型人才培养基地。毕业生就业率100%，对口就业率90%以上，毕业生"双证书"获取率98%以上，为地方区域经济发展提供了人力支撑。

黄钧浩等 11 名教师获得从业资格考评员证，谢云峰等 5 名教师被企业聘为培训讲师，李万伟等两名教师被聘为三峡库区职业技能大赛评委。本专业定期派出张志强、李万伟等多名教师，到众华汽车销售服务有限公司等多个 4S 店、维修厂进行技术服务，助推企业高效发展，如表9-4 所示。

表9-4　社会服务成效

序　号	单位名称	服务时间	服务内容
1	博世汽车检测设备有限公司	2015.07	技术培训
2	石柱县职业教育中心	2015—2018	专业建设
3	巴南职业教育中心	2015—2018	专业建设
4	广汽三菱重庆万博 4S 店	2016—2018	技术培训
5	重庆市九龙坡区含谷镇中学	2017.03	技术培训
6	秀山职业教育中心	2017.06	送教
7	庆铃汽车有限公司	2016.09—2018.06	人才输送，教师挂职
8	重庆市人和中学	2018.03	技术培训
9	重庆市九龙坡区含谷镇中学	2019.10	送教

（四）引领辐射，共同发展

本校充分发挥专业建设、校区合作、课程开发、师资队伍建设等方面的优势，着力区域专业发展责任，有效带动了区域内同类学校和专业的发展，示范辐射成效显著。

1. 承办活动，助推汽车行业高质量发展

2013 年与重庆市维修行业协会合作，建立职业技能培训部，承接重庆市交委汽车维修从业资格证培训达 2 454 人。学校承办了重庆市九龙坡区汽车维修行业技能大赛，促进区行业、企业业务水平的提高。2020 年，与重庆市汽车维护与修理行业协会合作，承办了重庆市职业院校汽车专业教师能力提升培训，提升了中职汽车专业教师理论及实操水平；与重庆智能制造职教集团合作，开展汽车技术师资培训，为重庆智能制造产业发展提供了技术技能型人才支撑。

2. 牵头组织多所中职学校教师，撰写并公开出版 11 本汽车专业新形态教材

2013 年至今，学校骨干教师联合行业企业专家制定了《汽车电气设备构造与维修》等 6 门课程标准，并在重庆大学出版社公开出版。校企共同编写并出版了《汽车检测与故障诊断》《汽车电气设备构造与维修》等 11 本专业教材，并在全国中职学校广泛使用，其中《汽车机械基础》为全国高等职业教育汽车类专业"十三五"规划教材。还开发了电子教材、微课、试题库等课程资源，包含 13 堂示范课程、51 堂微课、含有 3 000 余道试题的试题库。并建设了 6 门课程的教案、PPT、试题资源，编制了 1 本实训指导手册（113 个实训项目评价量标）。

3. 多所中职学校到校参观交流

重庆市龙门浩职业中学，重庆市北碚职业教育中心、云阳职业教育中心、南川职业教育中心等市内数十所学校到校参观学习。市外先后接待广西机电工业学校、成都蜀兴职业学校等数十所中职学校到校参观交流。骨干教师先后被云阳、石柱职业教育中心聘请为专家，指导汽车运用与维修专业建设。李钦教师的微课《汽车的体检》获得全国职业院校微课大赛二等奖。黄钧浩教师参加重庆市优质课竞赛获一等奖，指导学生参加汽车电气技能大赛获得重庆市一等奖、全国三等奖。黄钧浩教师被聘为 1+X 证书考评专家组成员。

二、项目实施所需要的场地及设施设备

本专业现有的实训设备价值 1 040 万元，实训室占地面积 4 430 平方米，建成汽车整车、汽车钣金、汽车喷涂等 11 个"理实一体化"实训室，如表 9–5 所示。

表 9-5 实训室主要工具和设施设备

序号	实训室		主要工具和设施设备	
	名 称	功 能	名 称	数 量
1	汽车整车实训车间	完成汽车保养、检测、车轮定位、汽车整车电路的维护流程及操作规范、汽车蓄电池的维护和更换流程及操作规范、汽车制动系统的检查与更换流程及操作规范等实训教学	力帆纯电动汽车	2
			两柱式举升机	9
			长安悦翔 V5 汽车整车	6
			北京现代汽车整车	3
			剪式举升机	10
			别克威朗汽车	1
			微型货车	4
			车轮定位仪	2
			快修工具	14
			工具车	18
			世达零件小车	27
			DK80 发动机故障诊断仪	30
2	汽车电气实训车间	完成新能源汽车动力系统的工作原理与检测、汽车电气维修工量具、诊断设备的使用、起动系统构造与检修、汽车照明、信号与仪表系统结构与检修、电动车窗工作原理与检测、汽车空调系统、汽车车身电气设备检修等实训教学	新能源汽车电源回收系统	1
			油气双燃料汽车动力系统实训台	1
			油电混合动力汽车动力系统解剖演示台	1
			混联式混合动气汽车能量控制策略示教板	1
			纯电动汽车能量管理系统示教板	1
			燃料电池电动汽车能量控制策略示教板	1
			全车电路台架	5
			新能源汽车整车	2
			汽车发电机拆装台架	5
			汽车车身电气系统台架	3
			汽车起动拆装台架	5
3	汽车底盘实训车间	完成汽车手动变速器的拆装与检测、汽车自动变速器的拆装与检测、汽车主减速器的拆装与检测、汽车轮胎拆装与检测、汽车动平衡检测等实训教学	手动变速器	5
			自动变速器	9
			单级、双级主减速器	8
			轻卡转向桥、驱动桥	4
			轮胎拆装机	4
			动平衡试验机	4

续　表

序号	实训室		主要工具和设施设备	
	名　称	功　能	名　称	数　量
4	汽车发动机实训车间	完成发动机整体拆装检测工序步骤、发动机整体构造及零部件认识、汽油发动机燃油供给系统的拆装与维修、柴油发动机燃油供给系统的拆装与维修、汽油发动机故障检测运行检测及故障排除、柴油发动机故障检测运行检测及故障排除等实训教学	大众EA888电控发动机实训台架	8
			丰田5A发动机实训台架	8
			大众桑塔纳发动机实训台架	8
			长安悦翔发动机实训台架	5
			雪佛兰科鲁兹发动机实训台架	2
			电控汽油发动机拆装运行试验台	4
			共轨柴油发动机试验台	1
			实训工作台	50
5	汽车云教室	通过电脑虚拟教具,提供优质仿真,便于学生参与虚拟仿真实训,让学生身临其境;针对学生学习、练习、考试等环节进行大数据分析,为提高学生自主学习质量提供条件	希沃教学触摸一体机	1
			教师平板电脑	1
			学生平板电脑	36
			景格汽车教学资源平台软件V1.0	2
			汽车发动机构造与拆装资源包	1
			大众EA888发动机虚拟结构原理展示台	4
6	汽车钣金实训车间	完成大梁校正仪测量和校正的工艺流程、安全操作规程及检测标准;车身修复机修复门板的工艺流程、安全操作规程及检测标准;等离子切割机切割钢板的工艺流程、安全操作规程及检测标准等实训教学	等离子切割机	2
			大梁校正仪	1
			车身修复机	2
			手工电弧焊机	4
			CO_2气体保护焊机	2
7	汽车美容实训车间	完成洗车工艺流程及检测标准、打蜡工艺流程及检测标准、抛光工艺流程及检测标准等实训教学	气动配比精洗机	2
			高压清洗机	2
			过滤恒水箱	2
			吸尘吸水机	2
			气动打蜡机	2
			电动抛光机（调速）	2
			全自动地毯清洗机（带消毒）	2

序号	实训室		主要工具和设施设备	
	名　称	功　能	名　称	数　量
8	汽车涂装实训车间	完成汽车油漆、水性漆、颜色图形工艺的流程及做法及检测标准、原子灰刮涂流程及检测标准、损伤区处理流程及检测标准、汽车涂装流程及检测标准等实训教学	移动式无尘干磨机	2
			龙神红外线烤灯	2
			油漆色样烘烤箱	1
			烤漆房	1
			无尘打磨房	1
			喷枪	4
9	汽车虚拟仿真实训室（两间）	采用汽车虚拟仿真软件，完成汽车虚拟仿真教学	计算机	96
			宇龙仿真软件	96
			景格仿真软件	96
			多媒体系统	2

第三节　汽车运用与维修专业人才培养方案

一、专业名称（专业代码）

汽车运用与维修（082500）。

二、入学要求

初中毕业或具有同等及以上学历者。

三、修业年限

三年。

四、职业面向和接续专业

（一）职业面向

职业面向，如表9-6所示。

表9-6 职业面向

所属专业大类及代码	所属专业类及代码	对应行业及代码	主要职业类别及代码	职业岗位	职业技能等级证书、行业企业标准和证书举例
交通运输大类（08）	汽车运用与维修（082500）	汽车修理与维护（8111）	汽车维修工（4-12-01-01）	汽车机械维修工、汽车电气维修工、汽车检测工	1+X汽车运用与维修职业技能领域职业技能等级证书

（二）接续专业

高职专科：汽车运用与技术、汽车检测与维修。

本科：汽车服务工程。

五、培养目标与培养规格

（一）培养目标

本专业落实立德树人根本任务，坚持课程思政理念，面向汽车制造、汽车修理、汽车售后服务行业企业，培养从事汽车维修接待、维护、修理、检测等工作的德、智、体、美、劳全面发展的高素质劳动者和技术技能人才。

（二）培养规格

本专业毕业生应该具有以下职业素质、专业知识和技能。

1. 素 质

（1）具有坚定的政治方向、良好的思想品德素质和健全的人格，热爱祖国、热爱人民、拥护中国共产党的领导，具有国家意识、法治意识和社会责任意识，具有正确的世界观、人生观、价值观。

（2）具有良好的职业素养和道德，能自觉遵守行业法规、规范和企业规章制度。

（3）具有主动、热情、甘于奉献的服务意识，诚实守信、爱岗敬业。

（4）具有吃苦耐劳，责任感强，执行力强的工作品质，严谨认真的工作态度。

（5）具有良好的人际沟通能力和团队协作精神。

（6）具有质量意识、环保意识、安全意识、信息素养、创新思维。

（7）具有7S理念和规范操作意识。

（8）具有适应行业变化、自我提升的潜质和继续学习的能力。

（9）具有精益求精的工匠精神。

2. 知　识

（1）熟悉汽车发动机、汽车底盘、汽车电气等结构和工作原理。

（2）掌握汽车机械基础、汽车材料等基础知识。

（3）掌握汽车电工电子基础知识，能识读汽车电路图。

（4）能阅读汽车维修设备使用说明书、能查阅汽车维修技术资料。

（5）能正确、熟练地使用汽车维修常用工具、量具及检测仪器设备。

（6）能进行汽车维护作业。

（7）能完成汽车发动机、手动变速器总成大修及部件检修。

（8）能完成汽车动力与驱动系统、汽车制动系统、悬架转向系统、车身电器系统、空调系统及部件检修。

（9）有制定和实施简单维修作业方案的能力，能分析、排除车辆常见的简单故障。

（10）能对本人完成的维修作业内容进行维修质量检验和评价。

（11）能通过语言表达使客户清楚维修作业的目的和为客户提供用车建议。

（12）能通过语言或书面表达方式与合作人员或部门之间就工作任务进行沟通。

3. 技　能

方向1——汽车机电机修

（1）具备汽车发动机、底盘机械维修的能力。

（2）具备根据客户描述，初步判断常见汽车电气设备、汽车发动机、底盘故障范围的能力。

（3）具备汽车自动变速器检查、维修的能力。

（4）具备汽车电气设备、汽车发动机、底盘常见故障的诊断和排除能力。

方向2——维修接待与配件管理

（1）具有良好的人际沟通和客户服务意识。

（2）具备向客户提供车辆保险理赔咨询和建议的能力。

（3）具有汽车精品、汽车配件销售的能力。

（4）具有维修业务接待工作文件归档，评估和总结工作的能力。

（5）具有配件日常出入库管理、分类存放、填补新加备件仓位号的能力。

（6）具有清理备件，制作电脑入库单的能力。

（7）具有根据派工单号，制作领料单，做备品出库的能力。

方向 3——升学方向

具备按照《XXX 高等职业教育分类考试汽车类专业技能测试考试说明》的要求进行技能操作的能力。

六、课程设置及要求

（一）课程结构

课程结构，如图 9-1 所示。

		顶岗实习
		综合实训

专业方向课	机电维修方向	维修接待与配件管理方向	升学方向
	汽车电控技术 汽车检测与诊断	汽车售后配件管理 汽车维修接待	依据考纲组织教学

专业（技能）课

专业核心课

汽车文化	汽车材料	汽车机械制图	汽车识图	汽车结构与拆装	汽车电工电子基础	汽车维修基本技能	汽车维护与保养	汽车发动机构造与维修	汽车底盘构造与维修	汽车电动设备构造检修

专业选修课

1. 汽车保险与理赔
2. 汽车服务企业经营与管理
3. 汽车专业英语
4. 汽车营销与服务

公共基础必修课

思想政治	语文	历史	数学	英语	信息技术	体育与健康	艺术	普通话

公共基础限定选修课
1. 中华优秀传统文化
2. 劳动教育
3. 职业素养

公共基础任意选修课
1. 心理健康
2. 物理
3. 化学

图 9-1 课程结构图

第九章　关于重庆市九龙坡职业教育中心的情况介绍

（二）课程设置及要求

本专业的课程设置分为公共基础课和专业技能课。公共基础课包括必修课和选修课。专业技能课包括专业核心课、专业方向课、专业选修课和专业实习，课程内容与 X 证书融通。

1. 公共基础课

（1）必修课

必修课教学内容和要求，如表9-7所示。

表9-7　必修课教学内容和要求

序　号	课程名称	教学内容和要求	学　时
1	思想政治	依据《中等职业学校思想政治课程标准》开设，并与专业实际和行业发展紧密结合	144
2	语文	依据《中等职业学校语文课程标准》开设，并注重在职业模块的教学内容中体现专业特色	180
3	历史	依据《中等职业学校历史课程标准》开设，并注重在职业模块的教学内容中体现专业特色	72
4	数学	依据《中等职业学校数学课程标准》开设，并注重在职业模块的教学内容中体现专业特色	144
5	英语	依据《中等职业学校英语课程标准》开设，并注重在职业模块的教学内容中体现专业特色	144
6	信息技术	依据《中等职业学校信息技术课程标准》开设，并注重在职业模块的教学内容中体现专业特色	144
7	体育与健康	依据《中等职业学校体育与健康课程标准》开设，并与专业实际和行业发展密切结合	144
8	音乐	依据《中等职业学校公共艺术·音乐课程标准》开设，并与专业密切结合	36
9	普通话	依据《中等职业学校普通话课程标准》开设，并与专业密切结合	72

（2）限定选修课

限定选修课教学内容和要求，如表9-8所示。

表9-8　限定选修课教学内容和要求

序　号	课程名称	教学内容和要求	学　时
1	中华优秀传统文化	依据专业需要，选择相关内容开设	36
2	劳动教育	依据专业需要，开展相关劳动教育	90

序　号	课程名称	教学内容和要求	学　时
3	职业素养	依据专业需要，选择相关内容开设	36

（3）任意选修课

任意选修课教学内容和要求，如表9-9所示。

表9-9　任意选修课教学内容和要求

序　号	课程名称	教学内容和要求	学　时
1	心理健康	依据《心理健康教育教学大纲》开设，并与专业密切结合	36
2	物理	依据《中等职业学校物理课程标准》开设，并与专业密切结合	36
3	化学	依据《中等职业学校化学课程标准》开设，并与专业密切结合	36

2.专业（技能）课程

（1）专业核心课

专业核心课教学内容和要求，如表9-10所示。

表9-10　专业核心课教学内容和要求

序　号	课程名称	教学内容和要求	学　时
1	汽车文化	了解汽车的发展历史，能简述汽车名人事迹、汽车运动等相关知识；了解世界著名汽车公司和名车车标的相关知识	72
2	汽车材料	了解金属材料的性能及组织结构；非金属材料；汽车零件的选用；汽车燃料、汽车润滑材料等；能分辨汽车工作油液、汽车轮胎、汽车车身材料等	72
3	汽车机械基础	了解汽车工程材料、运行材料、汽车常用零件的种类；齿轮传动、带传动、液压传动的特点及在汽车上的运用等；能识别工程材料；区分各类油液；辨认各类零件，识别各类机构和传动在汽车上的应用	72

序 号	课程名称	教学内容和要求	学 时
4	汽车识图	了解正投影的基本理论和作图方法；识读简单的装配图，并能熟悉制图的基本方法等；具备获取、处理技术信息、执行国家标准和使用技术资料能力	72
5	汽车结构与拆装	了解汽车发动机、汽车底盘、汽车电气各部分的基本组成、工作原理及简单总成的拆装步骤等；会对发动机总成、汽车底盘总成和汽车车身电器总成产生故障的部位进行拆装	72
6	汽车电工电子基础	了解电阻、电容、电感、二极管、三极管、逆变器等汽车常用电子元件的基础知识并能进行性能检测，能够熟练运算简单直流电路和交流电路	108
7	汽车维修基本技能	了解常见专用工量具，如套筒及配套工具、各种扳手、钳子、螺丝刀等工具、电动工具及气动工具等	108
8	汽车维护与保养	了解汽车车身、汽车发动机、汽车电气设备、汽车底盘的维护和保养等；能根据不同的保养内容选择相应的仪器和设备进行发动机、车身、底盘和电气系统的维护	108
9	汽车发动机构造与维修	了解汽车发动机各部分的基本组成零部件的作用和分类等；能对发动机总成进行拆分、解体；能对拆卸的零部件进行清洗、检测、分类、更换	198
10	汽车底盘构造与维修	了解汽车底盘各部分的基本组成零部件的作用和分类等；能对汽车底盘总成进行拆卸、分解；能按原厂要求进行装配	198
11	汽车电气设备构造与检修	了解汽车电气设备零部件的组成；电器设备的工作过程与工作原理等；会检查调试电器设备，会进行常见故障分析、诊断与排除；会操作常用汽车检测设备；能分析电路图	144

（2）专业方向课

专业方向课教学内容和要求，如表9-11和表9-12所示。

①汽车机电维修方向

表9-11　汽车机电维修课教学内容和要求

序　号	课程名称	教学内容和要求	学　时
1	汽车电控技术	了解汽车电气设备零部件的组成；电器设备的工作过程与工作原理等，会检查调试电器设备，会进行常见故障分析、诊断与排除；会操作常用汽车检测；能分析电路图	108
2	汽车检测与诊断	了解常用仪器设备；发动机、底盘、电气系统的故障诊断与排除等；能使用汽车检测设备进行诊断、分析并提出技术方案排除故障	108

②汽车维修接待与配件管理方向

表9-12　汽车维修接待与配件管理课教学内容和要求

序　号	课程名称	教学内容和要求	学　时
1	汽车售后配件管理	了解库存分析；订单制作与跟进；产品收发存管理；询价与报价；账目管理等；会根据汽车配件库存情况进行正确订货并跟进；会对入库配件进行产品检验并根据领料单准确出库；会根据配件来源、价格为车主准确报价；会建立出库、入库、退货、报废等配件的账目并进行核对	108
2	汽车维修接待	了解汽车维修接待礼仪；汽车维修接待流程；汽车维修接待业务知识等；会接待维修客户；会判断大致维修服务项目；会填写派工单，组织安排生产；会预计维修时间和费用；会进行服务沟通；会进行客户结算	108

（3）专业选修课

专业方向课教学内容和要求，如表9-13所示。

表9-13　专业选修课教学内容和要求

序　号	课程名称	教学内容和要求	学　时
1	汽车保险与理赔	了解汽车保险的含义和特点；了解汽车保险经营情况；了解汽车保险合同与原则；为将来从事汽车相关工作奠定基础	54
2	汽车服务企业经营与管理	了解汽车服务企业的市场预测与分析；了解汽车服务企业的经营体系；了解汽车服务企业的建立与评审；为学生以后创新创业做准备	54
3	汽车专业英语	了解汽车维修实践中可能遇到的英文资料；了解汽车符号、标牌、零部件、系统故障码、电路图、维修手册等英文资料	54
4	汽车营销与服务	了解汽车配件销售整个流程；为将来从事汽车相关工作奠定基础	54

（4）专业实习课

结合各门专业课教学需要，校内开展专业实训课教学和综合实训课教学内容和要求。实训形式可以多样化。

①校内专业实训和综合实训

结合各门专业课教学需要，校内开展专业实训课教学和综合实训课教学内容和要求，如表9-14所示。

表9-14　校内专业实训和综合实训课教学内容和要求

序　号	课程名称	教学内容和要求	学　时
1	X证书考评实训	对汽车运用与维修X证书初级模块：汽车动力与驱动系统综合分析技术的职业能力进行训练和职业资格认证，获取汽车动力与驱动系统综合分析技术模块证书	72

②校外认知实习和跟岗实习

认知实习：组织学生到相关汽车行业参观、观摩和体验，形成对实习单位和相关职业岗位的初步认识，以增强学生对汽车维修企业的感性认识，提高学习专业知识和技能兴趣，时间安排在高一上学期。

跟岗实习：学校组织学生到相关汽车行业的相应岗位实习，在企业人员指导下部分参与实际辅助工作，培养学生吃苦耐劳的敬业精神，培养学生沟通合作能力和责任意识，时间安排在高二下学期。

③顶岗实习

顶岗实习的学生主要安排在专业对口用人单位的客户服务岗位和基础管理岗位，时间安排在高三下学期。通过顶岗实习，学生能了解汽车维修企业组织机构、相关岗位工作内容、汽车维修生产的工作过程，掌握汽车维修生产中常用工具、量具、仪表、机具、设备等的使用方法，进一步熟练操作技能，提高社会认识和社会交往的能力，学习企业在职人员的优秀品质和敬业精神，养成正确的劳动态度，明确自己的社会责任，初步具有上岗工作的能力。

七、教学进程总体安排

（一）基本学时分配

（1）每学年为52周，其中理论教学时间40周（含复习考试），实际教学时间为36周，累计假期12周，周学时为33学时，顶岗实习按每周30小时（1小时折合1学时）安排，3年总学时数为3 510。

（2）学校实行学分制，18学时为1学分。

（3）军训、社会实践、入学教育、毕业教育等活动以1周为1学分，共5学分。

（4）公共基础课学时（公共基础必修课1 080学时，公共基础限定选修课162学时）约占总学时的35.4%。专业课学时（专业核心课1 224学时，专业方向课216学时，专业选修课216学时，顶岗实习540学时）约占总学时的64.6%。

（二）教学安排

教学安排，如表9-15所示。

表9-15　教学安排

课程类别		课程名称	学分	学　时	学　期（每学期实际教学为18周）					
					1	2	3	4	5	6
公共基础课	公共基础必修课	思想政治	8	144	2	2	2	2		

续　表

课程类别		课程名称	学分	学　时	学　期（每学期实际教学为18周）					
					1	2	3	4	5	6
公共基础课	公共基础必修课	语文	10	180	2	2	2	2	2	
		历史	4	72	2	2				
		数学	8	144	2	2	2	2		
		英语	8	144	2	2	2	2		
		信息技术	8	144	2	2	2	2		
		体育与健康	8	144	2	2	2	1	1	
		音乐	2	36					2	
		普通话	4	72	1	1	1	1		
		小计	60	1 080						
	公共基础限定选修课	中华优秀传统文化	2	36	1	1				
		劳动教育	5	90	1	1	1	1	1	
		职业素养	2	36			1	1		
		小计	9	162						
	公共基础任意选修课	心理健康	2	36	2					
		物理	2	36	2					
		化学	2	36	2					
		小计	6	108						
专业（技能）课	专业核心课	汽车文化	4	72	4					
		汽车材料	4	72	2	2				

续　表

课程类别		课程名称	学分	学　时	学　期（每学期实际教学为18周）					
					1	2	3	4	5	6
专业（技能）课	专业核心课	汽车机械基础	4	72	2	2				
		汽车识图	4	72	2	2				
		汽车结构与拆装	4	72	2	2				
		汽车电工电子基础	6	108	2	2	2			
		汽车维修基本技能	6	108	2	2	2			
		汽车维护与保养	6	108				4	2	
		★汽车发动机构造与维修	11	198				3	4	4
		★汽车底盘构造与维修	11	198				3	4	4
		★汽车电气设备构造与检修	8	144			4	4		
		小计	68	1 224						
	专业方向课 机电维修	汽车电控技术	6	108				3	3	
		汽车检测与诊断	6	108				3	3	
		小计	12	216						
	维修接待与配件管理	汽车售后配件管理	6	108				3	3	
		汽车维修接待	6	108				3	3	
		小计	12	216						
	专业选修课	汽车保险与理赔	3	54					3	
		汽车服务企业经营与管理	3	54					3	
		汽车专业英语	3	54				3		
		汽车营销与服务	3	54					3	

续　表

课程类别		课程名称	学分	学　时	学　期（每学期实际教学为 18 周）					
					1	2	3	4	5	6
专业（技能）课	专业选修课	小计	12	216						
	综合实训	X 证书考评实训	4	72					4	
		小计	4	72						
	军训、入学教育		1		√					
	认知实习		1		1周					
	跟岗实习		1				1周			
	顶岗实习		30	540						√
	社会实践		3		√	√	√	√		
	毕业教育		1							√
	总计			3 510	33	33	33	33	33	

注：

1. 军训、入学教育在新生入学前一周进行；社会实践在一、二、三年级的寒暑假进行；毕业教育在第六学期开学前一周进行。军训、入学教育、社会实践、毕业教育均不计入总学时。

2. ★课程为汽车运用与维修专业 1+X——汽车动力与驱动系统综合分析技术模块初级课证融通课程。

3. 公共基础任意选修课学生三选其一，不计入总课时，但要计入学生毕业条件之一。

八、实施保障

（一）师资队伍

（1）专任教师应具有本科以上学历，具有中等职业学校教师资格证书，有良好的师德，关注学生发展，熟悉教学规律，具备终身学习能力和教学改革意识。

（2）按照《中等职业学校设置标准》和《中等职业学校教师专业标准》的有关规定，进行教师队伍建设，合理配置教师资源。专任教师师生比为 1 : 19；双师型教师占专业课教师比例为 82%；专业带头人 3 人，汽车维修工技师及以上12 人，国家技能鉴定考评员资格 11 人；建设了一支结构合理、素质优良的教师队伍。

（3）企业兼职教师应具有实际工作经验，熟悉 4S 店、汽车运用与维修厂主要熟悉汽车售后服务岗位工作流程，具备教学设计和实施课程教学能力。

（4）专任教师应主动前往汽车装配厂、4S 店、汽车运用与维修厂、汽车美容店进行相应的专业实践，专业教师每两年到企业进行专业实践两个月以上，文化课教师每三年到企业进行专业实践 2 ～ 3 次。

（二）教学设施

本专业已配备校内实训基地和校外实训实习基地。

1. 校内实训基地

校内实训基地已具备汽车发动机、汽车底盘、汽车电气、汽车涂装、汽车双基地等实训室，主要设施设备及数量如表 9-16 至表 9-20 所示。

（1）汽车发动机实训室

表 9-16　汽车发动机主要设施设备及数量

序　号	设备名称	单　位	配置数量	备　注
1	大众 EA888 发动机实训台架	台	10	
2	丰田 5A 发动机实训台架	台	11	
3	大众桑塔纳发动机实训台架	台	12	
4	长安悦翔发动机实训台架	台	10	
5	雪佛兰科鲁兹发动机实训台架	台	2	
6	电控汽油发动机拆装运行试验台	台	4	
7	共轨柴油发动机试验台	台	1	
8	实训工作台	台	50	

序　号	设备名称	单　位	配置数量	备　注
9	现代汽车发动机实训台架	台	2	
10	万用表	个	6	
11	燃油压力表	个	4	
12	气缸压力表	个	4	
13	异响听诊器	个	1	
14	活塞钳	把	8	
15	气门弹簧专用拆装工具	盒	6	

（2）汽车底盘实训室

表9-17　汽车底盘主要设施设备及数量

序　号	设备名称	单　位	配置数量	备　注
1	手动变速器	台	8	
2	自动变速器	台	9	
3	单级、双级主减速器	台	8	
4	轻卡转向桥、驱动桥	台	4	
5	轮胎拆装机	台	4	
6	动平衡试验机	台	4	
7	汽车ABS示教实训台架	台	1	
8	拉拔器	个	1	
9	卧式千斤顶	个	7	
10	汽车底盘常用拆装工具	套	4	

（3）汽车电气实训室

表9-18　汽车电气主要设施设备及数量

序　号	设备名称	单　位	配置数量	备　注
1	全车电路台架	台	5	

序　号	设备名称	单　位	配置数量	备　注
2	汽车发电机拆装台架	台	5	
3	汽车车身电气系统台架	台	3	
4	汽车起动拆装台架	台	5	
5	电源系统台架	台	2	
6	万用表	台	20	
7	汽车试灯	台	8	
8	汽车启动充电机	台	4	

（4）汽车整车实训室

表9-19　汽车整车主要设施设备及数量

序　号	设备名称	单　位	配置数量	备　注
1	两柱式举升机	台	10	
2	剪式举升机	台	15	
3	汽车整车	辆	25	
4	发动机故障诊断仪	台	30	
5	油路免拆清洗机	台	3	
6	变速箱油加注机	台	4	
7	车轮定位仪	台	2	
8	快速充电机	个	2	

续　表

序　号	设备名称	单　位	配置数量	备　注
9	快修工具	套	25	
10	工具车	台	18	
11	世达零件小车	台	18	
12	轮胎小车	个	18	
13	正时链总成	个	1	
14	进气调相器	个	1	
15	正时链导轨	个	1	
16	维修工量具	套	30	

（5）汽车双基地

表9-20　汽车双基地主要设施设备及数量

序　号	设备名称	单　位	配置数量	备　注
1	两柱式举升机	台	4	
2	剪式举升机	台	4	
3	发动机故障诊断仪	台	5	
4	油路免拆清洗机	台	3	
5	变速箱油加注机	台	4	
6	车轮定位仪	台	1	
7	快速充电机	个	2	
8	快修工具	套	25	
9	工具车	台	18	
10	世达零件小车	台	18	
11	轮胎小车	个	4	

| 12 | 维修接待软件 | 套 | 1 | |
| 13 | 维修工量具 | 套 | 10 | |

2. 校外实训基地

校外实训实习基地应在当地优势或领先企业中选择、确定。按照专业培养目标和教学计划要求，建设能够满足专业实践教学、技能训练要求，实现企业经营双赢的，满足学生顶岗实训1个学期以上的校外实训、实习基地。通过校外实训实习，使学生掌握汽车维修流程，提升专业技能水平，主要校外实训基地如表9-21所示。

表9-21　校外实训基地

序　号	单位名称	校企实习协议	合作时间	合作内容
1	XX 老骥汽车维修有限公司	签订	2012.07	教学实习
2	XXX 大昌汽车服务中心	签订	2012.08	教学实习
3	隆鑫通用动力股份有限公司	签订	2012.09	教学实习
4	XXX 工商联（总工会）汽车摩托车配件市场商会乘用车专业委员会	签订	2012.09	教学实习
5	XX 祥茂汽车维修有限公司	签订	2012.09	教学实习
6	XX 市天源进口汽车修理厂	签订	2013.06	教学实习
7	XX 市迅宜汽车修理厂	签订	2013.06	教学实习
8	XX 维协汽车修理服务有限公司	签订	2013.06	教学实习
9	XX 江田汽车维修有限公司	签订	2013.06	教学实习
10	XX 国宾汽车养护中心	续签	2014.12	教学实习、人才培养
11	XX 国通汽车服务有限公司	续签	2014.12	人才培养、教学实习
12	XX 金帆汽车销售有限公司	签订	2016.09	教学实习

续　表

序　号	单位名称	校企实习协议	合作时间	合作内容
13	XX 汽车研究院清研汽车技术有限公司	签订	2017.12	订单培养、教学实习、交流培训、教学实习
14	XX 汽车科技有限公司	签订	2016.04	教学实习、交流培训、教学实习

（三）教学资源

1. 教材选用

本专业所有的公共基础课教材和专业课教材均选用中等职业教育国家规划教材，专业课程应积极使用新型活页式、工作手册式教材；如没有国家规划教材，可以选用市级规划教材；如没有市级规划教材，可以选用自编校本教材，自编校本教材应由教务处会同专业部统筹安排，并报分管教学的校领导批准。

2. 图书资料配备

配备了大众捷达维修手册、丰田卡罗拉维修手册、雪佛兰科鲁兹维修手册、1+X 汽车运用与维修考评指南等图书资料。

3. 数字资源配备

每门课程均配备电子教案、PPT 课件、教学素材、仿真课件等内容。专业课程配备了景格云立方 e 学、景格云立方 e 教、云立方虚拟教具、实训仿真软件等数字资源。

（四）教学方法

教师在教学中应依据课程标准合理设定教学目标，选择教学内容，以"行动·云"教学模式为基础，采用"理实一体化""模块化""任务驱动"等多种教学方法实施教学，充分利用信息技术和数字化教学资源完成教学任务，提高教学效率。

1. 公共基础课

（1）合理设计教学目标

围绕"三维目标"（知识和技能、过程和方法、情感态度和价值观）设计教学，体现对学生的创新精神和实践能力的培养，关注学生的基础、习惯、兴趣，符合学生实际，体现对不同学生的分层要求。

（2）恰当选择教学方法

教学方法巧妙，导与学、讲与练有机结合，积极采用"理实一体化"和"模块化"教学，充分调动全体学生的主动性和积极性，激发学生独立思考和创新意识。

2. 专业技能课

体现以解决客户委托的工作任务为中心、以实践为主线，构建课程典型生产案例。学生通过完成工作任务获取专业知识和技能，实现专业课程理论与实践教学一体化，提高学生的职业能力和实际操作能力。

（五）学习评价

开展学校、学生、用人单位三方共同参与的教学评价，评价内容包括学生专业综合实践能力、"双证"的获取率、毕业生就业率及就业质量、专兼职教师的教学质量，促进"课证融通"，在校企合作、工学结合人才培养模式下，逐渐形成多元化教学质量评价标准体系。

1. 课堂教学效果采用综合性评价方式

评价指标以岗位工作任务为导向，结合 1+X 等级证书标准活页式工作手册、1+X 等级证书标准活页式评分标准，由云立方 e 教采集生成，聚集知识、技能、素质三个维度，分自评、互评、师评三种形式，贯穿课前预习、课中检测、课后巩固三个阶段。

2. 实训实习效果评价方式

（1）实训实习评价

采用实习报告与实践操作水平相结合等形式，如实反映学生对各项实训实习项目的技能水平。

（2）顶岗实习评价

包括实习日志、实习报告、实习单位综合评价鉴定等多层次、多方面的评价方式。

（六）质量管理

（1）学校和专业部建立专业建设和教学质量诊断与改进机制，健全专业教学质量监控管理制度，完善课堂教学、教学评价、实习实训、毕业设计以及专业调研、人才培养方案更新、资源建设等方面的质量标准建设，通过教学实施、过程监控、质量评价和持续改进，实现人才培养目标。

（2）学校、专业部完善教学管理机制，加强日常教学组织运行与管理，定期开展课程建设水平和教学质量诊断与改进，建立健全巡课、听课、评教、评学等制度，建立与企业联动的实践教学环节督导制度，严明教学纪律，强化教学组织功能，定期开展公开课、示范课等教研活动。

（3）学校应建立毕业生跟踪反馈机制及社会评价机制，并对生源情况、在校生学业水平、毕业生就业情况等进行分析，定期评价人才培养质量和培养目标实现情况。

（4）专业部应充分利用评价分析结果有效改进专业教学，持续提高人才培养质量。

九、毕业要求

（一）学业考核要求

根据本专业培养目标和规格，结合学校办学实际，明确对学生学业成绩、实践经历、综合素质、1+X 证书等方面的考核要求、考核方式和考核标准以及学生毕业时应完成的规定学时、学分。

（二）证书考取要求

根据职业岗位需求，对接可考取"1+X"汽车运用与维修职业技能等级证书。

十、其他

（一）编写依据

（1）教育部发布《关于职业院校专业人才培养方案制订与实施工作的指导意见》。

（2）教育部颁发《中等职业学校汽车运用与维修专业教学标准（试行）》。

（3）教育部印发《职业院校专业实训教学条件建设标准》。

（二）运用范围

本校。

（三）修订原则

原则上每三年修订一次，修订后报学校教学委员会审核通过后，方可实施。

第十章 "一圆心·两半径·三环绕"成果创新与推广的价值

第一节 "一圆心·两半径·三环绕"简介

本成果以全国示范校建设项目为支撑，历经10年探索，以"学生为圆心"为抓手，以"教师＋师傅两半径"为载体，以"校企行三环绕"为保障，着力解决汽车运用与维修人才培养目标与学生个性化发展需求不符、培养过程工作情境化缺少、校企融合深度不够等问题。成果形成经历了以下三个阶段：2010—2012年为调研设计阶段，2013—2015年为系统建设阶段，2016至今为检验推广阶段。经过十年探索与实践，取得了一些成效。

一、以学生为圆心，构建了分类培养、分层教学、分向发展的"三分"人才培养途径，并创设其内涵与功能

引导学生选择与自身发展相适应的技能型、升学型、创业型三类培养途径，建立分层教学的15门基础课程，建立分向教学的5门岗证一体课、8门基本技能课和5门双创实践课。以关注学生终身发展为圆心，促进学生的个性化职业发展。

二、建立以教师和师傅为"半径"的校企一体化的教学共同体

探索出以教师和师傅为半径的"双融合"的校企一体化教学共同体。以汽车实践中心、汽车培训中心、汽车创业中心为平台，"四级进阶·双轨螺旋"为依托，有效促进了教师技能、科研、创业能力的提升，使本校汽车专业教师双师型比例达96%，有效增强了企业师傅教学、教研能力，使10名企业师傅成为校骨干教师，为人才培养的运行提供了人力和技术支撑。

三、积极探索"三环绕"校企行深层合作新模式

立足区域经济，搭建了"校企行"三环绕同心圆。与重庆汽车维修行业协会等4个协会合作，与清华大学、苏州汽车研究院等10余所院校与科研机构合作，与重庆之星豪车销售有限公司等42家企业合作，较好履行了为社会服务的职能。

以上三大举措极大地提高了汽车运用与维修人才培养质量，并在理论上有较大创新。十年来，22人次获得国家级奖项，学生双证获取率达100%，企业对学生的满意度达到98.2%，学校已成为重庆市维修从业资格培训基地和教师技能培训基地。本成果还带动了重庆秀山职业教育中心、四川北川七一职业中学等市内外30余所职业院校汽车运用与维修人才培养的改革，较好地发挥了辐射示范作用，得到了社会的广泛认可。

第二节　成果对教学实践问题的有效解决

一、存在的教学问题

（1）汽车专业传统人才培养目标不符合学生个性化发展需求。

（2）汽车专业课师资来源单一，大多数来自院校，缺乏汽车实际维修能力。

（3）汽车专业建设内涵不足，课程设置、教学内容、专业设备和资源无法与行业接轨。

二、解决教学问题的方法

（一）形成了以学生为圆心的分类培养、分层教学、分向发展的"三分"育人理念

1. 分类培养

引导学生选择与自身发展相适应的培养模式。培养基础理论扎实的升学型人才，约占40%；培养专业实践能力强的专业技术人员，约占40%；培养技能突出的创业型人才，约占20%。

2. 分层教学

为了实现三种不同类型的人才培养目标，建立分层教学的基础课程体系，根

据不同学生不同学业基础差异和发展需要，学校对公共基础课和部分专业基础课实施分层教学。

3. 分向发展

建立分向教学的专业课课程体系。引导学生按照自己的兴趣以及未来发展方向，进行相关课程的学习。对于技能型学生而言，设置 5 门岗证一体类课程，加强学生的实践能力培养；对于升学型学生而言，设置 8 门基础技能课程，加强学生的专业素质培养；对于创业型学生而言，设置 5 门双创实践课程，加强学生的创新创业素质培养。建立与分向课程体系配套的实践教学体系。

（二）建立以教师和师傅为"两半径"的校企一体化的教学共同体

1. 建立教师 + 师傅的"双融合"教学共同体

采用教师和师傅"双主体、双渗透、双育人、双评价"的培养方式。"双主体"将教师的企业实践和技术服务纳入教师考核；将企业师傅在学校的工作纳入企业考核。"双渗透"将企业文化和校园学术科研文化相互交融，学校连续 7 年联合企业举办"汽车文化节"，校企合作获得国家新型发明专利 3 项。"双育人"依托市级现代学徒制项目，将素质教育和职业技能、企业精神相融合；"双评价"实行学校规制式考试和企业岗位能力达标相结合，学习任务"双过关"。

2. 创建以激励和成长为核心的"四级进阶·双轨螺旋"机制

构建教师"青年—双师—骨干—带头人"和师傅"学徒—熟工—骨干—大师"四级进阶、螺旋上升的教师 + 师傅双轨成长、晋升机制，设立"双师工作站"，开通校内专任教师赴企业、高校兼职，企业师傅和高校教师入学校兼课的多条绿色通道。建立 1 个技能大师团队、1 个双师教师团队等。

（三）校企行"三环绕"抓合作，画好平台、机制、模式三大同心圆

1. 创建校企行利益融合同心圆

学校依托汽车职教集团，画好产教深度融合平台同心圆，打造中高职衔接、联盟推动、行业指导、企业参与的现代学徒制联合培育平台，与汽车维修行业协会等 4 个协会合作，与 40 余家企业开展合作，形成了校企行利益共赢。

2. 创建校企行产学研融合同心圆

依托市级双基地项目，打造"校中厂"，成立了九职合信汽车养护中心，企业营业预计达到 20 万 / 年，实现了校企行资源融合。完善汽车专业学徒制试点，学生到企业轮岗、顶岗达到 200 人次，实现校企行管理融合。打造 4 门企业课堂，实现了校企行技术融合。完成"1+X"证书试点，通过率 100%，实现了校企行制度融合。推进"产学研"一体化发展，实现了校企利益融合。

3. 创建校企行育人融合同心圆

学校与企业行业确定岗位能力要求，并共同制定人才培养方案，设计一体化课程体系，研制课程标准，衔接课程内容，组织实施课程方案。学校对接市内高职院校需求，以"3+2"等模式为平台，建立中职—高校—企业的深度跨界融合培养模式。

第三节　成果的创新点与推广应用的成效

一、成果创新点

（一）提出了"一圆心·两半径·三环绕"人才培养理念和模式

以学生为圆心，从以知识系统培养为核心转向以职业发展培养为核心的培养路径。重新界定本专业的人才培养目标，尊重学生的发展规律，以多层弹性目标优化刚性标准，分类达成不同培养目标的人才结构思路。以职业能力成长为逻辑主线，搭建人才培养平台，科学设计各阶段的目标，制定培养方案，从培养单一技能向综合能力转变。

（二）科学制定了围绕职业成长路线的培养目标

改变学生以学习时间为条件的统一升级制度，把能力提升作为晋级条件，实行全学分制。探索基础技能学习、实践能力提升、创新创业能力培养的规律与特征，结合行业标准、职业资格证标准，设计不同的达成目标。依托教师、师傅教学共同体，促使师生职业能力共同提高，教师成为专家，师傅成为教者，学生实现自身的社会化、职业化。

（三）全体系开发了基于岗证一体的课程资源

以综合技能为核心，形成了由岗证一体课、基础技能课、双创实践课构成的分向课程。解决学生个性化发展的问题，按照市场需求和岗位技术要求对课程进行分向设计，满足行业企业对人才的实践需要；结合学习任务与真实的工作任务建立课程内容，解决技能人才实际维修能力培养的问题；形成以证书与教学相结合的"证书为营、案例教学、任务闯关、螺旋上升"的岗证一体教学运行体系。依托证书的学习要求，按照教学计划，错时轮动开展工学一体化教学，任务完成即进行评价，层级课程学习结束后，由学生自主选择进入下一层级，使人才培养标准与汽车运用与维修实际工作序化融合，实现技能人才培养的专精化和系统化。

二、推广应用成效

（一）从盲目学习到精准学习，学生岗位能力和创新创业能力显著提升

为企业订单培养的专精人才年均达 200 人以上，培养汽车运用与维修专业中级工及以上人才年均达 300 人，毕业生月均起薪达 3 600 多元，企业对学生的满意度达 98.2%，增量达 10 个百分点。近五年，学生自主创业人数达 300 余人，年产值上亿元，分布重庆、贵州、云南等地。学校汽车专业高职上线人数逐年递增，近五年累计达 1 000 余人。

（二）成果示范引领，彰显九龙职教品牌特色

新华网、重庆日报等多家媒体先后 7 次对学校汽车专业人才培养教育进行宣传报道；拟牵头成立成渝中职汽车教育联盟，组织并承办了中高职人才培养模式探讨活动，承办了市级行业企业培训 10 余次，年均培训 500 人次；市内外 50 余所中小学校领导教师到校考察交流人才培养工作；黄钧浩等 11 名教师获得从业资格考评员证，谢云峰等 5 名教师被企业行业聘为培训讲师，李万伟等两名教师被聘为三峡库区职业技能大赛评委。张志强等 10 余名教师定期到众华汽车销售服务有限公司等多个 4S 店、维修厂进行技术服务。

第四节　思考与展望

一、思　考

德国"工业 4.0"、美国"再工业化"以及英国"工业 2050"的相继提出，预示着当今世界正进入新一轮的"工业革命"。我国迅速抓住全球经济发展的趋势，针对国民经济主体制造业的发展提出了《中国制造 2025》行动纲领。纲领中提出，应加强新技术和制造业中的"黄金产业"——汽车产业的深度融合，实现汽车产业转型升级，完成跨越发展的战略任务。然而，促进汽车产业转型发展的基础力量是能够适应新发展需求的技术技能型人才，而当前汽车技术技能型人才培养的质量和规模都无法适应产业的转型发展需求。

此外，近年来，我国汽车产业迅猛发展，汽车的产销量一直呈上升趋势，这给汽车运用与维修行业带来了巨大的发展空间。但是，发展良好的产业态势却面临着汽车相关人才紧缺的困境，这是对汽车运用与维修行业发展的沉重打击。为推动我国汽车产业的跨越式发展，满足汽车运用与维修行业的发展需求，作为培养技术技能型人才的摇篮，中等职业学校需要尽快调整汽车运用与维修产业人才培养体系，进行人才培养体系改革，以满足产业转型升级对汽车人才培养的新需求，弥补汽车运用与维修行业技术技能型人才缺口。

在后续的研究中，学者可以从以下两个方面深入展开：①目前，中职汽车运用与维修专业学生的出路不仅是就业，部分学生还可以选择升学继续接受教育。对于选择升学的学生而言，技能需求研究相对欠缺，后期可以加强对选择升学的学生的技能提升策略研究；②汽车技术发展是一个持续的过程，因而对学生技能的要求也是持续的，学生后续的技能培养侧重点也值得探讨。技能提升策略的普适性研究需要不断扩充，在实际使用中也需要因地制宜，进行有选择性实践。

二、展　望

该成果理念先进、定位精准、视野前瞻，解决了汽修人才培养目标与学生个性化发展需求不符、培养过程工作情境化缺少、校企融合深度不够等问题，极大地提高了汽修人才培养质量，并在理论上有较大创新。

该成果符合国家职业教育改革实施方案等文件精神，推进了教育部关于校企融合的实践，在培养高素质汽修人才方面取得了丰硕成果。

（一）毕业生的成果

陈忠宇，2016级汽车高职3班学生，在校期间获得校级三好学生，文明学生，专业知识竞赛二等奖，2019年升入重庆人文科技学院，成为汽车服务工程专业学生。

　　成杨，2014 级汽车专业 3+2 班学生，在校担任纪律委员、汽车二级维护实习辅导员，荣获校优秀学生会干部，担任校学生会主席，荣获九龙坡区风采团员，2018 年就读于重庆交通职业学院，大学期间荣获优秀学生会成员，优秀团支书，2019 年毕业于重庆交通职业学院汽车运用与维修专业，现就职于大众 4S 店，担任销售顾问，月薪 8 000 ～ 15 000 元。

　　肖瑶，2016 级汽车专业高职班学生，考取本科，2019 年毕业于重庆工业职业技术学院，现就职于长安汽车工程研究总院，担任汽车性能试验工程师，月薪 7 000 ～ 9 000 元。

（二）就业人员成果

　　廖国宾，1999 级毕业生，渝车联盟董事长，年产值 5 000 万。

杨鹏，2010级汽车专业学生，重庆国宾汽车服务有限公司美容主管，月收入6 800元。

王梓豪，2014级汽车专业学生，就职于奥丰汽车服务中心，担任美容部主管，月薪8 000元。

肖顺清，2015级汽车专业学生，就职于玛吉斯轮胎店，任店长，月收入6 000元。

附　录

附录1：

重庆市九龙坡职业教育中心——汽车运用与维修专业顶岗实习制度汇编

一、重庆市九龙坡职业教育中心就业办公室工作职责

（一）教学实习工作

（1）制定全校教学实习工作的有关规章制度，编辑有关统一的规范性文件资料。

（2）会同教务处制订审核各专业的教学实习计划。

（3）统筹实习生的实习场所。

（4）组织全校学生开展实习动员工作。

（5）指导专业部做好实习基地的建设工作。

（6）研究、解决实习中出现的有关问题。

（7）做好就业市场信息反馈工作。

（8）返校实习学生的教育及再安置工作。

（9）实习学生资料的登记与整理工作。

（10）实习带队教师的管理工作。

（11）完成学校领导安排的其他各类工作。

（二）就业指导工作

（1）制订全校毕业生就业工作计划及相关措施。

（2）收集、整理有关职校毕业生的就业政策、就业信息及求职技巧等资料。

（3）加强同各地人才交流市场的联系组织，发布有关人才交流信息，组织毕业生参加各类人才交流大会，统筹组织好校级就业分配的双选会。

（4）进行就业市场调研，走访有关企事业单位，了解市场信息，做好市场用人单位的信息反馈工作。

（5）做好来电来访工作，接待来校招聘毕业生的单位。

（6）加强就业指导理论研究，组织实习指导教师上好就业指导课程。

（7）组织做好毕业生的求职咨询工作，推荐毕业生就业，提高毕业生的就业率。

（8）完成校领导安排的其他各类工作。

（三）副主任认真协助主任做好以上各项管理工作

二、重庆市九龙坡职业教育中心关于学生顶岗实习的具体操作流程（试行版）

（1）就业办根据教学计划在各专业就业班的第四学期安排就业指导课，负责安排教学时间、地点、组织学生学习《学生实习管理实施细则》等工作。在第四学期末，召开实习班级学生家长会，向各位家长发送"致家长的一封信"，回收《反馈表》。

（2）第四学期末，就业办为各专业部学生在招聘信息栏发布 3 个以上待遇较好的实习企业信息，然后安排企业与学生见面，企业与学生进行双向选择，最后学生确定一个企业作为顶岗实习单位。

（3）对面试合格的学生安排体检，体检合格后与企业签订实习协议，明确双方的权利与义务，企业为学生购买相应的保险。

（4）确定实习指导教师及相关人员。

（5）就业办安排学生到企事业单位实习，并按照《学生实习管理实施细则》对实习学生进行常规管理。

（6）学生实习工作结束后，负责对学生进行考核。考核时，参考企业的意见，从而确定相应的考核等级，送教导处进行确认。

（7）实习成绩作为毕业证发放的重要依据。

三、重庆市九龙坡职业教育中心学生实习管理制度（试行版）

依据 2007 年 6 月国家教育部、财政部联合颁布的《中等职业学校学生实习管理办法》，为了加强本校学生的实践能力，强化专业技能水平，加强校企合作，增强学生生产意识，培养学生吃苦耐劳、艰苦朴素、勤俭节约、团结协作的良好素养，结合本校实际情况，加强对学生实习期间的管理，保证学生实习期间的安全和正常工作，实现由学生向技术工人的角色转变，特做出以下规定。

（一）参加教学生产实习的对象

（1）在校学习一年半及两年以上的学生。

（2）在学校统一组织下，经本人自愿提出书面申请，在家长同意的前提下，经专业部综合考核合格者。

（二）教学实习的时间

教学生产实习的时间为 6 ～ 10 个月。具体实习时间因专业、批次不同另行确定。

（三）教学生产实习期间的纪律要求

（1）必须严格履行学校和厂方的各项规章制度，必须肩负起学生和工人的双重责任。

（2）具有良好的服从意识，必须服从学校和厂方安排，服从带队教师和厂方管理人员的管理。

（3）在规定的实习期内，未经工厂和学校批准，不得擅自离开实习岗位，否则按学校相关规定严肃处理。

（4）严格执行实习考核制度，如期填交实习鉴定表，实习成绩不合格者视为毕业成绩不合格。

（5）树立牢固的安全意识，必须把安全意识放在首位，自觉遵守《实习安全责任书》的规定，严格履行学校和厂方的安全规定，如因本人违反法律法规或厂方、学校的规定制度造成人身（自身、他人）伤害（亡）或财产损失的，由本人依法承担相应责任。

（6）非正常结束教学实习的学生必须回校接受教育处理，然后视其情况进行相应安排。

（7）如因学生本人或家庭特殊原因确定不能继续实习的，必须在得到学校、家长和企业同意后方可结束实习。

（8）凡违反上述纪律要求者，视其情节轻重将缓发或不发毕业证书。

（四）学生实习补助管理办法

学校将为学生在企业实习期间争取到较高的实习补助。学生实习工资由企业直接发放到本人工资卡上。

四、重庆市九龙坡职业教育中心学生就业实习管理细则（试行版）

为进一步落实本校的实习生管理制度，规范实习学生的行为，增强实习学生的责任感，让学生明白实习中的具体要求，特制订如下细则。

（一）实习生推荐条件和原则

1.推荐条件

由学校推荐实习的学生必须符合以下条件：

（1）实习前学科成绩、思想品质考核为合格以上的学生。

（2）顺利修完学校规定的课程，符合学籍管理规定的成绩要求（不及格科目应在学校组织的统一补考中进行补考，补考合格予以推荐。补考不合格的学生在毕业前仍有一次补考机会）。

（3）通过学校规定的相关技能考核，取得学校规定的相关技术技能证书。

（4）在推荐之时没有任何处分或处分已撤销。

（5）已向学校交清规定的各项费用。

不符合以上条件的学生可在校内和下一届学生一起学习，并与学校签订相关协议，补缴相应的费用，学生一旦符合了学校实习的推荐条件，将再安排该学生实习。

2. 推荐原则

（1）学生顶岗实习的推荐工作主要由班主任根据学校就业办的要求组织，教导处、德育处和其他任课教师有权对其进行监督。

（2）对学生顶岗实习单位的推荐采用择优推荐的原则，即思想素质好、学习好的优先推荐，并推荐至相对好的实习单位；思想素质差、学习差的晚推荐，并推荐至相对一般的单位，甚至不推荐。

（3）具体做法是每一位学生的《就业学生推荐表》由学生认真填写，班主任、教导处、德育处认真签署意见，对学生进行（A 档、B 档、C 档）分类考核，并以此作为实习推荐的重要依据。

A 档学生：学校将其推荐到优秀的企业去。

B 档学生：学校将其推荐到相对一般的企业去。

C 档学生：学校将其推荐到相对一般的企业去或不予推荐。

（二）实习生管理要求

（1）学校根据顶岗实习单位的条件和要求，通知符合条件的学生进行报名，经过单位和学生的双向选择，确定实习单位。

（2）学生一旦确定了实习单位，就不得随意变更。如有特殊情况的确需要变更的，必须向班主任提交书面申请，班主任签字报就业办审批同意后，方可变更实习单位。

（3）实习期间必须服从实习单位的工作安排，认真学习，刻苦钻研，听从教师和实习单位师傅及领导的安排，虚心学习相关的知识和技能。

（4）实习期间必须遵守企业的规章制度，严格遵守岗位、工种安全操作规程，文明实习，安全生产。

（5）实习期间必须发挥吃苦耐劳精神，不得迟到、早退、无故请假、旷工、怠工等。

（6）实习期间不得与企业领导发生冲突，有问题可与带队教师联系。

（7）实习期间不得带非企业人员进入企业，不得把企业财产带出企业。

（8）实习期间必须始终保持一个学生的形象。

（9）实习期间必须住在学校或实习企业安排的指定地点。未经教师同意，不得自行寻找住宿，不得私自搬离安排的宿舍。

（10）实习期间如果企业有交通车，学生必须乘坐交通车，不乘坐无牌照机动车。

（11）实习期间必须按学校规定定期与带队教师联系，汇报有关实习情况，必须每月写一份实习小结交给带队教师。

（12）实习期间不得随意更换移动通讯号码，如有家庭住址、联系电话等信息的变动，必须事前通知带队教师，以便带队教师进行动态管理。

（三）相关处罚

学生在实习期间应严格遵守法制法规、社会公德，遵守实习单位规章制度，遵守校纪校规，如违反，学校将按以下相关规定进行处理。

1.凡违反以下任何一项者，受学校警告处分

（1）在实习单位闹事、酗酒、赌博等，情节较轻者（未被实习单位取消实习资格）。

（2）在实习期间，违反相关操作程序者（未被实习单位取消实习资格）。

（3）不按单位的规定，擅自行动，造成一定影响者。

（4）受到实习单位批评并通报至学校者。

（5）经学校、企业认定有其他违纪行为情节较轻者。

2.凡违反以下任何一项者，受学校严重警告处分

（1）在校外打架，造成一定后果者。

（2）在实习单位闹事、酗酒、赌博等，情节较重者（未被实习单位取消实习资格）。

（3）无故旷工者。

（4）已被实习企业录用，不去上班者（体检不合格者除外）。

（5）变动通讯方式或信息，不通知带队教师，并长期不和带队教师联系者。

（6）因自身原因被实习单位取消实习资格者（未给学校造成严重负面影响）。

（7）经学校、企业认定有其他违纪行为造成影响者。

3.凡违反以下任何一项者，受学校记过处分

（1）不服从学校、实习单位管理，情节严重者。

（2）未经学校同意，私自离厂者。

（3）被实习单位取消实习资格造成一定影响者。

（4）实习期间不与带队教师保持联系，不向带队教师上交思想汇报、实习总结等材料者。

（5）经学校、企业认定有其他违纪行为，并造成一定影响者。

4. 凡违反以下任何一项者，受学校勒令退学处分

（1）擅自在住宿点留宿异性同学或朋友者。

（2）在实习单位闹事、酗酒、赌博、偷窃，造成严重后果者。

（3）经学校、企业认定有其他违纪行为情节严重者。

5. 凡违反以下任何一项者，受学校开除学籍处分

（1）行为符合学籍管理中开除学籍规定者。

（2）实习期间因个人原因造成重大的安全事故，给企业造成损失或影响者。

（3）实习期间有打架斗殴、抢劫、放火等违法行为，被公安机关传唤、处理者。

五、重庆市九龙坡职业教育中心学生实习成绩考核办法（试行稿）

根据国家教育部和重庆市教委对中职学生必须到企业参加教学实习和顶岗实习的相关规定，结合本校工作的实际情况，特制定本校学生实习成绩考核办法，具体如下。

（1）参加实习的学生必须按照实习计划，认真完成实习的全部任务，实习结束后，提交实习日记和实习报告。

（2）实习成绩的评定：由实习指导教师会同实习单位选派的实习指导教师一起负责评定学生的实习成绩。

学生实习成绩评定各部分的参考比例如下：遵纪守法、安全、劳动表现占总成绩的20%；实习中的学习态度、实习日记完成情况、出勤情况等占总成绩的30%；企业评定成绩与实习报告成绩占总成绩的50%。

学校将根据学生的工作态度、实习报告成绩、完成作业、实习表现、实习效果、出勤、实习单位评语等予以综合评分，考核成绩按优、良、及格、不及格四级评定。

（3）学生凡因病、因事不能参加实习者，都要有医院证明或书面申请。经班主任或实习指导教师审核后报就业办批准，才能办理请假手续。请假累计时间达到整个实习核定总时间1/3及以上者，则实习成绩不及格。

（4）凡在实习期间表现较差、未能达到实习计划规定的基本要求，实习日记、实习报告有明显错误或抄袭行为者，其实习成绩按不及格处理。

（5）实习期间无故旷工 1 天按旷课 6 节计算。缺勤累计时间达到整个实习核定总时间的 1/5 及以上者，则实习成绩不及格处理。

（6）实习成绩不及格的学生应参加与下一届学生相同的实习活动，并缴纳相应的费用。

（7）学生实习评分参考标准

优：实习期间表现好，实习任务完成好，达到实习计划中规定的全部要求。实习报告能对实习内容进行全面、系统的总结，并能运用所学理论对某些问题加以分析。实习中无违法乱纪行为。

良：实习期间表现较好，能较好地完成实习任务，达到实习计划中规定的全部要求。实习报告能对实习内容进行全面、系统的总结。实习中无违法乱纪行为。

及格：实习期间表现一般，达到实习计划中规定的基本要求。能够完成实习报告，内容基本正确，但不够完整系统。实习中有违纪行为，在实习期间能及时改正错误，态度较好，未造成严重后果或恶劣影响。

不及格：实习期间表现差，未达到实习计划中所规定的基本要求。实习报告马虎或内容有明显错误。实习中有违法乱纪行为，在实习期间出现严重违反校规、厂规的问题，并造成严重后果或恶劣影响。

六、重庆市九龙坡职业教育中心实习指导教师工作职责（试行版）

为了学生能顺利完成实习任务，保障学生实习期间的安全，加强学生实习期间的管理，由学校统一选（聘）任实习指导教师，实习指导教师由就业办负责考核和管理，原则上，50 ～ 100 名实习学生配备一名专职实习指导教师。实习指导教师的工作职责如下。

（1）实习指导教师应加强对实习单位的了解，熟悉实习单位的生产状况和管理机制。根据学校的规章制度以及企业的实际情况制定切实可行的实习管理方案，并报就业办审批。

（2）实习指导教师是学生实习期间的第一监护人。在学生赴企事业单位实习前，实习指导教师要向学生做好深入细致的思想工作，引导学生了解实习的目的、任务，并向学生介绍实习单位简况及实习注意事项，明确安全保护要求和实习纪律。

（3）实习指导教师要根据学生在企事业单位的具体情况，选定出实习学生干部，并确定其职责，以保证随时掌握学生的情况。

（4）在学生实习过程中，实习指导教师要坚守岗位，做好学生的思想政治工作，关心学生的生活和工作，做好安全教育，防止事故发生。

（5）学生实习结束后，实习指导教师要做好考核，指导学生完成实习总结工作。

（6）实习指导教师要认真填写《实习学生管理手册》，每天登记学生的考勤，及时发现和处理违反制度的现象，对违反实习纪律的学生，指导教师应及时给予批评教育。对情节严重的，指导教师应及时向学校报告，根据具体情况，可以停止严重违纪学生的实习活动，令其返校。

（7）实习指导教师应与实习单位保持密切的联系，并定期向实习单位相关管理部门汇报学生的实习情况，争取实习单位的支持和帮助，并注意处理好实习单位与学校的关系。

（8）实习指导教师应经常与家长保持联系，沟通与交流学生的实习情况，争取家长对实习工作的理解和支持，形成教育合力。

（9）如学生在实习时，发生了人身伤害等事故或紧急事件，实习指导教师要立即向学校汇报，学校也应立即启动突发事件紧急预案。

（10）实习指导教师要以身作则，言传身教，加强对学生的思想教育，关心学生的生活、健康和安全，以保证实习工作的顺利进行。

（11）实习指导教师应在学生实习期间，配合资助办、财务室，落实实习学生的资助和学费的收缴工作。

（12）实习指导教师必须每天记录所带学生的实习情况，在工作期间，保证通信工具的畅通。每周一向就业办上传电子文档"周工作汇报"，如实反映学生的实习情况，每月末上交《实习指导记录》，交就业办检查登记。

（13）当学生本期实习结束时，实习指导教师应撰写《实习带队总结》。由实习单位管理部门负责人签署意见后，连同教师的《实习指导记录》一并交学校就业办。

《实习带队总结》内容包括实习管理方案的执行情况、学生实习情况分析、管理经验体会、解决问题所采取的措施、存在的问题、建议等。

学校将根据实习指导教师完成工作的效果及总结实际情况对其进行综合评定，评定等级分为优秀、称职、基本称职、不称职。

七、重庆市九龙坡职业教育中心实习带队教师管理办法（试行版）

为了加强实习学生的管理力度，调动广大教师实习带队的积极性，明确带队工作职责，明确待遇，经学校研究决定，特制定本管理办法，具体内容如下。

（一）**工作职责**（详见"实习指导教师工作职责"）

（1）带队教师原则上由专业部推荐，教导处、德育处及就业办共同协商确定人选，教师每批次实习的带队时间根据具体情况由主管部门同分管校长一起确认。

（2）带队教师负责学生实习期间的教育管理工作，履行实习带队教师工作职责，包括班主任工作职责、辅导教师工作职责和生活管理教师工作职责。教师要督促学生遵守实习安全规定和企业的有关规章制度。

（3）为了方便管理实习学生和处理紧急事件，全职带队教师的工作时间应与企业上班的工作时间保持一致。兼职带队教师在规定的时间内，按时到企业完成相应的工作任务。

（4）带队教师代表学校主管部门协助企业对学生在岗期间进行管理，与企业具体分管本校实习工作的人员，共同协商日常管理事务。

（二）**带队期间津贴发放办法**

1. 工作量津贴的计算

（1）在 50～80 个实习学生应配备一名全职带队教师，全职带队教师的工作量为 1 个满工作量，1 000 元/月的实习带队岗位津贴（当月发固定 800 元+实习结束时考核 200 元）。当实习人数超过 80 人时，每增加 10 人增计 0.1 个带队岗位津贴，但增计量不得超过 0.6 个带队岗位津贴。当人数少于 50 人时采取兼职带队。

（2）教师在市内带队期间，根据学生人数按 2 元/生/月的标准增加电话费（遇突发事件确实产生较多的交通费或通信费由主管领导签字报销），市外按 3 元/生/月计算电话费。

（3）每周一至周五晚上，如果有学生加班（含企业安排有学生三班倒班工作的），带队教师按 25 元/晚给予补助。

2. 加班补助

（1）每月计 4 天加班（每个星期六），补助 100 元/天（以企业实际考勤为准）。每周的星期六或者星期天的其中一天为休息日。

（2）带队期间为国家法定节日的，按学校现行教职工节假日加班费标准发放。

3. 生活费补助

教师在带队期间，学校给 20 元/天（市内）、50 元/天（市外）的生活费补助。如果企业提供了工作餐或给带队教师一定的生活补助，学校将不再发放生活费补助。

（三）休假

（1）根据实习学生所在企业工休制度休假，一般每周休息一天。教师的休息时间随实习学生的休息时间变动。教师离开企业要向学校主管部门和所在实习单位的直接领导报告，按学校的"出勤管理制度"的规定执行。

（2）教师在市内带队期间，每周报销一次从学校到企业的往返车旅费。

（四）实习安全及稳定工作的考核

（1）以学生实习期间的安全及稳定率对相应的带队教师进行考核，如果教师对实习学生安全教育到位，且无责任性安全事故发生的，实习结束后，学校给予该教师一次性奖励300元。该项奖励实行安全责任事故一票否决。

（2）对留校参与管理（协助带队老师管理）的班主任老师，每学期（约6个月）按1元/生/月的标准发电话费；每学期1次班主任基本津贴。

（3）以学生的实习稳定率对带队教师进行奖惩。在实习结束时：

学生稳定率达90%以上的，带队岗位津贴的考核部分（200元/月）全额发放，另发奖金400元；

稳定率在80%～90%的，带队岗位津贴的考核部分（200元/月）全额发放；

稳定率在70%～80%，带队岗位津贴的考核部分（200元/月）按一半发放；

稳定率在60%～70%，带队岗位津贴的考核部分（200元/月）不发放。

稳定率在60%以下，取消其带队资格，带队考核为不合格。

学生实习期间因故变动，申请得到企业及带队教师统一认可而合理流动的，不作为流失对待。

（4）就业办负责带队教师的管理和考核。

①每周一（遇假顺延）带队教师向就业办传电子文档"周工作记录表"，未按时上传者扣10元，并限期补传。

②就业办通过电话询问实习学生和企业联系人以及到企业查岗的方式，对带队教师的工作进行跟踪管理，对因为带队教师失职造成重大失误或私自离开带队工作地点的，按照学校相关制度的规定执行。

③实习结束前，带队教师完成《实习学生管理手册》的填写，并让企业签字盖章，交就业办验收；完成实习学生的评优评先工作；写好"实习带队工作总结"。带队教师需要按时保质保量地上交实习资料，未按时完成者按学校相关制度进行处理。

④实习结束后，学校组织带队教师进行经验交流活动，对表现优秀的带队教师进行表彰。

附录 2:

电控发动机检测与维修基础测验

题　号	一	二	三	四	总　分
得　分					

一、填空题（共 20 分，每空 1 分）

1.汽车发动机上的传感器有（　　）、（　　）、（　　）、（　　）、（　　）。

2.指挥车辆行驶、移位时，不得站在（　　），并注意周围（　　）。

3.在实训场期间必须穿好（　　），特殊工种必须按规定穿（　　），严禁穿高跟鞋和拖鞋。

4.发动机两大机构为（　　）和（　　），五大系统为（　　）、（　　）、（　　）、（　　）和（　　）。

5.四冲程汽油机的工作循环是由和（　　）、（　　）、（　　）和（　　）四个行程组成的。

二、单选题（共 20 分，每小题 2 分）

1.上止点是指活塞离曲轴回转中心（　　）处。

A.最远　　B.最近　　　C.最高　　D.最低

2.四冲程柴油发动机在进气行程时，进入气缸的是　　　（　　）。

A.纯空气　　B.氧气　　C.可燃混合气　　D.纯燃料

3.对喷油量起决定性作用的是　　　　　　　　　（　　）。

A.空气流量计　B.冷却液温度传感器　C.氧传感器　D.节气门位置传感器

4.发动机冷却液的循环压力来自　　　　　　　（　　）。

A.水泵　　B.散热器　　C.膨胀水箱　　D.发动机产生的内热

5.关于节温器说法不正确的是　　　　　　　　（　　）。

A.节温器分机械式和电子式两种　　　　B.节温器主要控制冷却液的循环

C.节温器发卡只会出现水温高现象　　　D.节温器可放在水里煮

6.我国用电安全规定中，安全电压为　　　　　（　　）。

A.100 V　　　　B.36 V　　　　C.24 V

7.直流电的文字符号为　　　　　　　　　　　（　　）。

A. AC　　　　B. VC　　　　C. DC

8.加注冷却液时,下列哪种说法正确 （ ）。

A.加注到膨胀水箱的下位线　　　　B.加注到膨胀水箱的上位线

C.加满最好　　　　　　　　　　　D.加注在上位线与下位线之间

9.使燃油系统压力与进气歧管压力之差保持恒定的是 （ ）。

A. 节气门　　　　　　　B. 油压缓冲器

C.燃油压力调节器　　　　D.电动燃油泵

10. 发动机曲轴的主轴颈通常采用的润滑方式是 （ ）。

A. 压力润滑　　　　　　B. 飞溅润滑

C. 油雾润滑　　　　　　　D.飞溅 + 油雾润滑

三、简答题（共50分，每题10分）

1.测量 1 500 Ω 左右的电阻的方法。

2.测量 12 V 左右的交流电压的方法。

3.测量 100 mA 作用的直流电流方法。

4.简述 5S 及其含义。

5.简述发动机空气供给系统的组成。

四、画图题（10分）

画出电阻、直流电源、变压器、熔断器、电感的符号。

附录3：

任务评价表

姓 名		班 级		小组成员				
分 类	考核项目	评分标准（每项分数扣完为止）	配分	学生自评（占比20%）	小组互评（占比20%）	教师评价（占比60%）	小计
职业素养	协作性	组内是否和谐	5				
	参与性	在小组中不能积极主动完成小组任务，一次扣1分	10				
	安全性	没穿工作服扣3分；操作过程中违反一次安全操作规程扣1分；存在一处安全隐患扣1分	10				
	清理场地	未整理工具，一次扣1分；未清理实训场地，一次扣2分	5				
检测过程	识别传感器、执行器	未能指出常见传感器的位置、简单描述传感器工作原理、指出典型执行器的位置、叙述执行器的工作原理，一次扣2分	10				
	仪器使用规范性	操作万用表时，解码器等仪器不正确，一次扣2分	10				
	工具摆放	检测仪器、工具摆放凌乱，一次扣2分	10				
	诊断过程	检测方法不正确，一次扣2分	10				
	诊断时长	时间控制在20分钟以内，超过1分钟扣1分	10				
	诊断结果	未能正确找出损坏部件，一次扣2分	10				
	维修更换	未能正确维修、更换损坏部件，一次扣2分	10				

附录4：

学生后测问卷

亲爱的同学：

你好！此问卷旨在了解汽车运用与维修专业"理实一体化"教学方法在课程中的教学效果，以便我们改进和完善教学研究，提升教学质量。希望同学可以将自己的真实想法选择出来，以便我们进一步的优化教学过程、选择合适的教学方法。请同学在认为与你最符合的选项上打"√"。

请各位同学认真思考，填写问卷，谢谢配合！

1. 与传统教学方法相比，你更喜欢教师采用"理实一体化"的教学方法进行授课。

A. 是　　　　　B. 否

2. 你认为在课上教师采用的教学方法是否合理。

A. 非常合理　　B. 较为合理　　　C. 一般　　　D. 不合理

3. 本节课的教学，教师主要是以什么方式组织教学的？

A. 以教师的讲授为主，学生认真听

B. 以教师的讲授为主，教师偶尔进行提问

C. 师生互动频繁，以教师的启发为主

D. 在教师的指导下，学生自主学习，合作学习

4. 在课堂上，教师是否给你安排了具体的工作任务？

A. 是　　　　　　B. 否

5. 你对教师的课堂安排满意吗？

A. 非常满意　　　B. 满意　　　C. 不满意

6. 教师通过"理实一体化"的教学方法进行授课，你的分析问题、解决问题能力得到提升。

A. 非常同意　　　　B. 同意　　　　C. 不同意

7. 教师通过"理实一体化"的教学方法进行授课，你的团队协作能力得到提升。

A. 非常同意　　　　B. 同意　　　　C. 不同意

8.教师通过"理实一体化"的教学方法进行授课，你的实操技能水平得到提升。

　　A. 非常同意　　　　B. 同意　　　　C. 不同意

9.教师通过"理实一体化"的教学方法进行授课，你的职业综合素质得到提升。

　　A. 非常同意　　　　B. 同意　　　　C. 不同意

参考文献

[1] 拉尔夫·泰勒.课程与教学的基本原理 [M].施良方,译.北京:人民教育出版社,1994: 1–25.

[2] KOLB D A.Experiential learning: experience as the source of learning and development[M]. Englewood Cliffs, NJ: Prentice–Hall, 1984.

[3] TAYLOR E. Investigating the perception of stakeholders on soft skills development of students: evidence from South Africa[J]. Interdisciplinary journal of e–skills and lifelong learning, 2016(12): 1–18.

[4] 才晓茹,邵路才.实践共同体:职校学生软技能习得的路径选择[J].中国职业技术教育,2017(9): 93–96.

[5] 曹晔.职业技术教育研究生学位制度的解构 [J].职教论坛,2013(28): 4–7.

[6] 陈高路,刘建平,辜东莲,等.基于能力培养的中职汽修专业工学结合课程研究与实践 [J].中国职业技术教育,2015(8): 34–37.

[7] 陈华.参与式教学法的原理、形式与应用 [J].逻辑学研究,2001, 21(6): 159–161.

[8] 陈惠武.中职汽修专业教师现状分析和对策探讨 [J].中国培训,2016(12): 86, 88.

[9] 陈衍,李阳,柳玖玲.产教融合推动高等应用型人才培养的历史发展与改革设计 [J].中国高等教育,2018(Z3): 38–40.

[10] 陈焱.中职校汽车运用与维修专业人才培养模式的改革与创新 [D].重庆:重庆理工大学,2014.

[11] 程江平,庄曼丽.中职创新创业教育应回归育人本质 [J].中国职业技术教育,2017(9): 87–92.

[12] 戴必俊.关于中职汽车检测与维修专业实践教学的改革探索 [J].中国校外教育,2017(3): 134.

[13] 邓卫红.软件技术专业基于工作过程的课程体系开发初探 [J].科技信息,2012(20): 268–269.

[14] 董艳阳.基于"理虚实一体化"的中职汽修实训教学模式研究与实践——以正时带的安装与调整为例 [J].汽车维护与修理,2017(10): 38–40.

[15] 杜飞.张贴板教学法运用探析 [J].高考 (综合版),2015(11): 15–16.

[16] 方烨.德国双元制职业教育模式对我国高等职业教育改革的启示 [J]. 南京广播电视大学学报，2010(4): 7-9.

[17] 高杰.夸美纽斯教育思想研究 [D]. 长春：吉林大学，2008.

[18] 高立宁.中职学生专业社团文化育人设计与实现路径 [J]. 职业技术教育，2018, 39(35): 59-64.

[19] 高晓.中职汽车检测与维修专业实践教学的改革探索 [J]. 电子制作，2015(10): 188.

[20] 顾春燕.项目教学法在中职汽修实训教学中的运用探究 [J]. 汽车维护与修理，2017(10): 35-37.

[21] 顾明远.教育大辞典 [M]. 上海：上海教育出版社，1990: 7.

[22] 郭秀春.从马斯洛的"需求层次论"说起 [J]. 中国青年，2010(5): 68.

[23] 何文军.关于中职汽车检测与维修专业实践教学的改革探索 [J]. 亚太教育，2016(5): 55.

[24] 华中师范学院教育科学研究所.陶行知全集：第 2 卷 [M]. 长沙：湖南教育出版社，1994: 289.

[25] 黄锐.以实践能力为核心的专业硕士培养模式探究 [J]. 教育研究，2014, 35(11): 88-94.

[26] 李亚松.高等农业院校学生实践能力培养研究——基于实践育人的视角 [D]. 武汉：华中农业大学，2013.

[27] 黄实.中职公共基础课课堂教学中如何培育学生核心素养 [J]. 课程教育研究，2018(10): 243, 245.

[28] 贾剑方.职业教育的课程目标、课程标准与督导 [J]. 中国职业技术教育，2017(5): 15-21.

[29] 贾心红.高职汽修专业教师专业实践能力培养探究 [J]. 河北农机，2017(7): 40.

[30] 姜大源.工作过程系统化课程的结构逻辑 [J]. 教育与职业，2017(13): 5-12.

[31] 姜丽娟.新时期如何培养新能源汽车维修人才 [J]. 时代汽车，2017(3): 43-44.

[32] 蒋乃平.职业素养训练是职业院校素质教育的重要特点 [J]. 中国职业技术教育，2012(1): 78-83.

[33] 金娇荣.中职汽车运用与维修专业建设研究——以玉环二职校为例 [D]. 杭州：浙江工业大学，2017.

[34] 李凌舟.工学结合模式在中职生职业技能培养中的实践研究 [D]. 成都：四川师范大学，2010.

[35] 李淼.德国职业教育教学理念对高职教师教学工作的启示 [J]. 现代商贸工业，2011, 23(24): 288-290.

[36] 廖琴 . 中职汽车运用与维修实践教学策略 [J]. 时代汽车 , 2018(4): 58–59.

[37] 林清 , 黄桑 . 汽车发动机拆装与检修 [M]. 成都 : 四川大学出版社 ,2014.

[38] 林真真 . 基于个性化学习的网络教学平台研究——以衡水科技工程学校为例 [D]. 石家庄 : 河北师范大学 , 2016.

[39] 刘炽平 , 符强 . 汽车发动机机械系统检修一体化项目教程 [M]. 上海 : 上海交通大学出版社 ,2012.

[40] 刘红 , 刘迎春 . 对高职院校网络课程评价指标体系的思考 [J]. 教育探索 ,2010(8): 47–49.

[41] 刘磊 , 傅维利 . 实践能力 : 含义、结构及培养对策 [J]. 教育科学 , 2005, 21(2): 1–5.

[42] 刘三朵 , 张冬胜 . 论实践能力的内涵与结构 [J]. 当代教育论坛 , 2014(9): 43–44.

[43] 陆超 . 基于微课的翻转课堂模式在汽修实训教学中的探索——以"气缸磨损的检测"项目为例 [J]. 交通职业教育 , 2016(1): 39–41.

[44] 罗秋兰 , 蔡青 , 秦福利 . 突破产学合作教育难题 探索人才培养新模式 [J]. 高教发展与评估 , 2007, 23(6): 104–108.

[45] 罗尧成 . 我国研究生教育课程体系研究 [D]. 上海 : 华东师范大学 , 2005.

[46] 罗尧成 . 研究生教育课程体系研究 [M]. 广州 : 广东高等教育出版社 , 2010.

[47] 马海兵 . "产教融合、校企合作"模式在汽修实训基地的实践研究 [J]. 时代汽车 , 2017(22): 41–42.

[48] 孟华霞 . 汽修专业教师发展的校本培训策略 [J]. 汽车维护与修理 , 2018(12): 61–62.

[49] 莫雷 . 教育心理学 [M]. 北京 : 教育科学出版社 , 2007: 64–65.

[50] 彭巧胤 , 谢相勋 . 再论第二课堂与第一课堂的关系 [J]. 学校党建与思想教育 , 2011(14): 45–46.

[51] 彭述初 . 建构主义理论评介 [J]. 湘潭师范学院学报 (社会科学版), 2009,31(1): 140–141.

[52] 齐兴 . 基于雨课堂授课模式的探究 [J]. 信息与电脑 (理论版), 2018(21): 250–252.

[53] 钱马懿 . 教学中激发学生学习兴趣的探讨 [J]. 医学教育 , 1996(2): 41–42.

[54] 乔为 . 职业教育课程目标 : 二维结构框架 [J]. 职业技术教育 , 2016, 37(22): 25–31.

[55] 任中左 . 中等职业学校学生综合素质多元评价模式的理论与实践 [D]. 呼和浩特 : 内蒙古师范大学 , 2016.

[56] 山笑珂 . 我国慕课课程评价体系建设思路初探 [J]. 中国成人教育 , 2016(18): 105–107.

[57] 施良方 . 课程理论——课程的基础、原理与问题 [M]. 北京 : 教育科学出版社 , 1996.

[58] 石光成 , 黄轶 . 中职汽车运用与维修专业人才培养模式改革实验研究 : 以重庆巴南职业教育中心为例 [M]. 重庆 : 西南师范大学出版社 , 2019.

[59] 苏豫全 . 基于雨课堂的中职混合教学模式研究 [J]. 中国教育信息化 , 2018(22): 51–55.

[60] 苏兆斌 . 发达国家应用技术型高校的比较研究与借鉴 [J]. 教育与职业 , 2017(14): 26–32.

[61] 孙智昌 . 论学生的实践能力及其培养 [J]. 教育研究 , 2016, 37(2): 110–118.

[62] 田源 . 学做课改中的聪明指引人——浅谈汽修教师的科学定位 [J]. 中等职业教育 (理论), 2012(10): 9–12.

[63] 王淑英 . 学校体育课程体系研究 [D]. 石家庄 : 河北师范大学 , 2012.

[64] 王统玉 . 多媒体在中职汽修专业教学中的应用 [J]. 教育现代化 , 2018, 5(37): 221–222.

[65] 王晓凤 . 校企合作模式下的高职汽修专业教师队伍建设研究 [J]. 中小企业管理与科技 , 2014(6): 265–266.

[66] 王亚琳 . 中专专业课程理实一体化教学实验研究——以《 车削加工技术 》为例 [D]. 贵阳 : 贵州师范大学 , 2018.

[67] 温洁明 . 基于微课的翻转课堂模式在汽修专业课程教学中的探索 [J]. 亚太教育 , 2016(25): 144–145.

[68] 吴海燕 . 论大学生实践能力的培养 [J]. 亚太教育 , 2015(35): 26–27.

[69] 吴洪成 . 中国近代教育思潮新论 [M]. 北京 : 知识产权出版社 , 2016: 171–174.

[70] 徐先荣 , 付迎春 . 建构主义学习理论的教育意义 [J]. 长江大学学报 (社会科学版),2009(2): 237–238.

[71] 杨莎 . 智慧教育理念下中职院校数学教学形态的实践探究 [D]. 石家庄 : 河北师范大学 , 2018.

[72] 杨维东 , 贾楠 . 建构主义学习理论述评 [J]. 理论导刊 , 2011(5): 77–80.

[73] 杨秀茹 . 行动导向教学模式在仓储作业课程中的实践 [J]. 中国市场 , 2014(31): 164–167.

[74] 杨雪冬 , 吴志鹏 , 王辉 . 论高职学生以职业素质为核心的综合素质培养 [J]. 教育与职业 , 2014(27): 187–188.

[75] 杨勇 , 董显辉 , 赵铭 .“4+2”中等职业学校专业教师培养模式的构想 [J]. 职教论坛 , 2015(2): 15–18.

[76] 姚秀颖 . 发达国家中等职业教育中实践能力培养模式的比较与借鉴 [J]. 世界职业技术教育 , 2003(1): 28–32.

[77] 于海涛 . 高中生物教学中学生合作学习模式的培养研究 [J]. 大众标准化 , 2019(14): 185, 188.

[78] 于慧颖 . 劳技教育教学应引导学生从"动手做"到"动脑做"——兼论 "动手能力" 是大脑调控下手脑协调动作的创造性实践能力 [J]. 中国教育学刊 , 2004(12): 25–28.

[79] 俞慧刚 . 立足专业实践能力培养 创新专业型社团建设 [J]. 内蒙古教育 (职教版), 2015(1): 95–96.

[80] 虞晓萍 . 提高中职汽车实践教学的有效性 [J]. 职业 , 2014(33): 114.

[81] 喻穹 , 黄新文 . 论高校学生"软技能"培养 [J]. 湖南师范大学教育科学学报 , 2010, 9(2): 98–100.

[82] 喻喜平 . 高职"车站信号控制设备维护"课程教学改革尝试 [J]. 职业教育研究 , 2012(7): 102–103 .

[83] 张华 . 论课程目标的确定 [J]. 外国教育资料 ,2000(1): 13–19.

[84] 张晋 . 高等职业教育实践教学体系构建研究 [D]. 上海 : 华东师范大学 , 2008.

[85] 赵亮 . 高职院校汽修专业课程项目化改革与实践 [J]. 汽车实用技术 , 2017(24): 176–178, 184.

[86] 赵蔚新 , 苗怀仪 . 建构主义教学观与素质教育 [J]. 吉林教育 , 2004(Z2): 32.

[87] 郑莉平 , 易志斌 , 张士峰 . 任务驱动法的教学设计理论依据 [J]. 大家 , 2011(24): 180–181.

[88] 郑新强 . 工作过程导向的中职汽修专业教学模式改革研究 [D]. 广州 : 广东技术师范学院 , 2017.

[89] 朱从香 , 张军 . 校企协同育人视角下建筑施工类学生"软技能"培养体系构建 [J]. 职业技术教育 , 2018, 39(20): 23–26.